〔日〕篠原初枝　著
牟伦海　译

国际联盟的
世界和平之梦与挫折

国際連盟
世界平和への夢と挫折

SSAP 社会科学文献出版社
SOCIAL SCIENCES ACADEMIC PRESS (CHINA)

本书为国家社科基金抗日战争研究专项工程“世界反法西斯战争（含中国抗战）史档案资料收集整理与研究”（批准号：16KZD020）的阶段性成果之一。本书的出版还得到“山形大学安达峰一郎项目”的资助。

序

第一次世界大战终结至第二次世界大战爆发之间的时期在历史学上被称为“战间期”①。开端与终结都是世界大战的时代究竟是一个怎样的时代呢？这个时代可以说是伴随着国际联盟的创设而拉开帷幕。

相比于之前的战争，欧洲的诸多国家、美国、日本都参加了的第一次世界大战，参战国达到了31个，使用了坦克以及潜水艇等新型武器，普通民众也被卷入其中，战争持续长达五年之久，正如其字面意思所言是最初的“世界大战”。当时亲眼目睹了战争惨状的人们为防止同样的战争惨剧重演，深感需要建立一个国与国之间通过对话解决问题的组织。在这样的背景下，国际联盟应运而生。

1920年1月10日，国际联盟成立，总部设于瑞士的日内瓦。最初成员国为42个国家，1934年其成员国数达到顶峰时期的59个国家。由于现在的亚非地区多数国家在当时都还处于殖民地时代，国家的总数也不如现在众多，当时的独立国家大多都加盟了国际联盟。对于国际联盟的创设发挥了巨大作用的美国未能加盟、日德相继退出等大国的去留成为了最令国联头疼的大问题。然而在交通手段并不像今天这么发达的时代，埃塞俄比亚、古巴、泰国（暹罗）、伊朗（波斯）等世界各国代

① 日语为“戦間期”，系指一战结束至二战爆发20年左右历史的专用术语。——译者按

表云集一处，探讨问题并协商解决途径的做法，在国际联盟创立之前的国际关系史中是难以想象的划时代的事情。

国际联盟关注的问题涉及争端的解决、裁军等和平问题、鸦片取缔等卫生保健问题、难民问题以及女性儿童的劳动问题等诸多领域。在世界各国之间的联系日趋紧密的背景下，为应对纷繁复杂的国际问题，各国之间的协作日益变得不可或缺。国际联盟为各国商讨相关问题提供了一个平台。国际联盟开展的许多活动为战后的联合国所继承。例如，现在的联合国难民事务高级专员公署（UNHCR）的活动便起源于国际联盟时代。

本书试图考察国际联盟的历史轨迹。在此之前的许多观点认为，第二次世界大战的爆发标志着国际联盟活动的“失败”。然而，如果说国际联盟失败了的话，为什么在第二次世界大战之后又设立了一个与其相似的国际组织——联合国呢？本书力图摒弃这种“后知后觉”，尝试站在当时的时代背景下考察国际联盟的活动。现在看来关于国际联盟没能有效地防止第二次世界大战的爆发这一问题已然无需赘言，但是仅仅从战争的爆发这一点上来评价国际联盟就如同带着有色眼镜眺望风景一样，有以偏概全之嫌。

本书以考察国际联盟的组织活动为中心展开叙述，尽量将着眼点放在与国际联盟相关人物之上，尤其是重点考察身处于那个时代之下人们的活动、立场、思想。即使现在看来其想法是那么的不切实际，但是站在当时的立场上来思考问题的话，我们也应该承认有其“现实性”的一面。许多人物参与了国际联盟的活动，对于国际联盟寄予厚望的同时往往又承受了巨大的失望。

此外，国际联盟时代提出的问题在当今依然具有挑战性的亦不在少数。例如，关于战争与争端等安全保障问题，相比于国际联盟以及联合国这些国际组织是不是委任给大国更好？为什么大国保有常任理事国这一特权地位？由谁负担国际组织的经费？或者说作为一个本质问题：国际组织在多大程度上能够在国家利益争端中保持中立并贯彻公平的立场？与此相反，在与本国利益不直接相关的情形下，国家能够多大程度上协助国际组织？上述这些问题在国际联盟时代就已然被讨论过，在当今的联合国中依然有继续探讨的空间。

只要国际关系依然是由拥有不同权力与文化的国家所构成的这一基本框架没有改变，国际组织所面临的问题也就基本上是相通的。但是这并不意味着毫无进步，而是应该思考相比于国际联盟时代哪些事项发生了变化，哪些事项得以延续。另外，考察国际联盟这一组织如何诞生的，如何在国际关系中得以稳定发展，为什么迎来了终结的命运等一系列问题，对于思考国际关系中制度的形成不无裨益。

不是以昨天、今天，或者说今年、去年这样短暂的时间尺度，而是以半个世纪、一个世纪这样长期的尺度去审视国际关系的视角非常重要。从这样长期的历史脉络的视角思考国际关系中的各类问题这一点上，国际联盟无疑是一个非常合适的对象。

目　录

序言　国际组织的源流

——第一次世界大战之前

早在国际组织出现之前的历史时期就已经有思想家开始思考并著书立言论述国际组织问题。其中也不乏为后世广泛传承阅读并影响深远的经典著作。这些早期思想中提出的各种各样的设想很多在其后得以实现，对于如何构建国际组织这一根本性问题进行了有益思考。

步入 19 世纪，诞生了尝试将国际组织构想付诸实践的和平团体，另外国家之间也开始有组织性地推动行政实务层面的合作。

先驱们的思想

在欧洲三十年战争（1618～1648 年）激战正酣的 1623 年，法国神职人员埃默里克·克鲁赛（Émeric Crucé，约 1590～?）在其著作《新克尼阿斯论》（*New Cyneas*）中提出了设立国际组织的构想。克鲁赛构想了设立一个囊括埃塞俄比亚、波斯、印度、中国在内的世界性的联邦制度。具体而言，构想设立永久的大使会议、完善法院并以武力确保其判决的执行、促进贸易等。另外，为消除各国国民之间文化心理上的对立，计划充实、强化教育项目。

同样身为法国神职人员的查尔斯·圣-皮埃尔（Charles Saint-Pierre，1658～1743 年）撰写了著作《永久和平论》（1713

年），书中构想设立一个欧洲基督教国家的“永久同盟”，该同盟有仲裁以及调解同盟内部争端的功能。其进一步论述道，为确保同盟的实际执行力有必要以行使武力为后盾，如果一国破坏规则，则以同盟的武力确保其规则得以贯彻。另外，在一国挑起战争的情形下，同盟会武装起来共同制裁发动攻击的国家。此外，同盟向各成员国租借军队，所需资金直接由成员国负担。

步入 18 世纪后半叶，英国思想家杰里米·边沁（Jeremy Bentham，1748~1832 年）发表了由十四条构成的《永久和平构想》（据传大约在 1786~1789 年）。边沁尝试着将国际上帝国主义盛行、国内民主主义高扬的时代特征反映到国际组织的构想之中。边沁提议称，在民主主义的时代里国民的意见应当逐渐受到尊重，在舆论动向变得越发重要的背景下，应当废止传统君主独裁体制下推行的秘密外交。另外，边沁还批判了靠增强军备掠夺海外殖民地而相继跃起的帝国主义这一时代现状，提议推动裁军以及放弃殖民地。除此之外，作为处理国际争端的手段，边沁主张在国际组织内部设立公共法院。其后，第一次世界大战中美国总统威尔逊提出的“十四条”在条文数量及精神内涵层面被普遍认为模仿了边沁的构想。

此外，哲学家伊曼纽尔·康德（Immanuel Kant，1724~1804 年）在其《永久和平论》（1795 年）一书中提议废除常备军、禁止暴力干涉他国、禁止破坏国家间的信赖关系、政治体制上实行共和制等。康德的《永久和平论》留给后世的最大影响是其提出民主主义最适宜构筑国家间和平关系这一国内政治体制与国际和平的关联性思考，但对于国际组织却没有非常细致的考察。然而其中关于国际社会并非无缘民主原则的暗示也昭示了国际组织构想的重要原则。康德在其另一部著作《道德形而上学原理》（1785 年）中提到了国际组织，提议通过推动国家间联合的方式防备来自外部的攻击。

在上述这些早期思想中，其共通的主张体现在建立常设的国家间会议、武力制裁违反规则的成员国、通过和解或仲裁制度解决争端。

民间的动向

步入 19 世纪，和平运动在欧洲、美国开始萌芽，一些和平活动家开始提议设立国际组织并积极推动唤起舆论支持。

1828 年美国和平协会（American Peace Society）成立。该民间团体在 1930 年代中叶以悬赏论文的形式征集关于“世界会议”的论文。

所谓的世界会议，即各国定期地召开会议，是与现在联合国大会相类似的组织。从美国原总统昆西 · 亚当斯（Quincy Adams）以及著名政治学者约翰 · C. 卡尔霍恩（John Caldwell Calhoun）参议员出任该悬赏论文审查委员来看，该议题一定程度上引起了广泛关注。最终有五篇论文入选获奖。从这些论文中能看出其共通的理念，即，通过通商、学问、科学、国际法的发展、交流逐渐实现将世界连成一个整体的进步性见解，并认为法院在世界会议体系中会发挥着重要作用。但是，收到的论文提到了一些引人深思的否定性观点［认为虽然希望世界各国成立世界会议，但是难以给予其（世界会议）太多的权力］以及一些现实主义的观点（认为现实性的选择应该从英美法联合的形式开始）。

当时积极支持创立该世界会议的是美国活动家威廉 · 拉德（William C. Ladd）。拉德在 1832 年撰写了题为“关于世界会议的构想”的28页小册子，其中提出了各国政府积极组织并参加世界会议以及创设独立法院的构想。拉德努力开展向大众普及其构想的活动的同时，也积极游说政府。结果，马萨诸塞州议会上通过了主旨为“世界会议体以及法院是解决争端的现实性策略”的决议。此外，拉德为推动同样的决议在美国议会中获得采纳展开了积极活动，遗憾的是并没能够实现。

在19世纪，这样的世界会议构想在欧洲被称为“美国计划”。此外，在当时的欧洲也开展了诸多关于和平的讨论，同时也召开了相关会议，美国的活动家也参加了这些会议。由民间人士倡导的探索和平的会议也多次召开，其中，1843年在伦敦、1848年在布鲁塞尔、1849年在巴黎、1850年在法兰克福先后召开了关于和平问题的会议。

其中，1849年召开的巴黎会议上，法国著名的国民诗人，《悲惨世界》（*Les Misérables*）的作者维克多·雨果（Victor Marie Hugo）担任主席，会上广泛讨论了世界会议相关问题。雨果在会上发表演讲称，由等同于国内普遍参政权的国家投票权以及仲裁法院制度取代枪炮与战争，世界会议不久就会成为与国内议会同等功能的机制。然而由于其后美国爆发南北战争，使得美国国内局势急剧变动，对于作为和平运动一环的“世界会议”的关注渐趋淡化，主要的关注逐渐转向了裁军以及仲裁裁判问题。

仲裁裁判制度

步入19世纪后半期，出现了推动后来国际联盟成立时重要基础的两大历史动向，即仲裁裁判制度与国际法的发展。虽然思想家、活动家讨论了世界会议问题，但作为处理现实中出现的国家间争端的具体策略，则是尝试着推动裁判以及调停等法律层面的制度化，而非会议形式的协商。

所谓仲裁裁判是指以法律为依据，在争端当事国之外加入第三国代表以合议的形式解决争端的制度。由于 1872 年英美间的“阿拉巴马号事件”成功地通过仲裁裁判得以解决，对于仲裁裁判制度的期待也迅速高涨。所谓“阿拉巴马号事件”是指在南北战争时期，英国建造以及由英国援建的武装船只给北军造成了极大损失的事件。据此，引发了英国是否违反了中立国义务这一国际法上的争论，并成为悬案。为解决该悬案，在英美当事国之外由瑞士、意大利、巴西第三方国家组成的仲裁裁判，通过此种方式使得事件得以和平解决，最终达成合意，英国同意支付赔偿金。

“阿拉巴马号事件”的成功解决使得仲裁裁判在争端解决问题上的有效性获得认可，活动家对于仲裁裁判制度的关注也进一步增加。特别是在当事国美国，仲裁裁判运动急剧高涨，出现了一些尝试推动各国将仲裁裁判作为义务予以接纳的团体。例如，名为“莫霍克湖（Mohonk Lake）会议”的团体在 1895~1916 年长达二十多年的时间里每年在纽约州避暑胜地莫霍克湖集会，商讨仲裁裁判制度化的问题。出席会议的不仅有法学者，还有政治家、实业家、宗教人士以及和平运动活动家等。

作为实现和平的手段，对于仲裁裁判制度的诸多期待也反映了在国际问题、国际关系的思考问题上司法的、法律的视角占据了优势。在这个时代里，通过整备司法制度来解决国家间对立的想法被广泛认为是现实可行的，如同国内纠纷可以通过裁判解决一样，在国际关系领域也被认为可以通过整备法律以及裁判制度来解决争端以防止战争。这种观点的基础在于对于法律制度的信赖以及尊重裁判结果的合理的、理性的见解。

对于仲裁裁判制度的期待也推动了国际法学的发展。为构建裁判制度，普遍性的意见认为，有必要构建共通的法律制度，同时也期待跨越国境的文化交流。1873 年，在比利时成立了两大国际性的学会——“国际法学会”（Institut de Droit International）与“国际法协会”（International Law Association），其至今依然在开展活动。由于国际法学是一门以掌握高水平法律知识为前提的专业性强的领域，因此，参与仲裁裁判运动的活动家不乏受过专业教育的精英。

战争与合作的 19 世纪

在 19 世纪的欧洲，实务层面的国家间合作关系也得以发展。当时，随着经济层面及人员层面跨国交流的加深，政府层面以及民间层面得以召开超过 350 次的国际会议。

首先，关于战争及战后事宜处理的国际会议。拿破仑战争（1792~1805 年）、克里米亚战争（1853~1856 年）、俄土战争（1877~1878 年）、普奥战争（1866 年）、普法战争（1870~1871 年），欧洲国家之间战事频发，围绕处理这些战争问题的维也纳会议（1815 年）、巴黎会议（1856 年）、柏林会议（1885 年）等国际会议召开。在这些大国会议上，主要是围绕领土问题签订了各种各样的条约，另外，制定关于战争规则的战时国际法也得到了发展。大国会议推动了外交层面实务性规则的发展，同时在条约制定以及会议运营等层面也积累了宝贵经验。

其次，邮政、运输、度量衡的统一等实务操作层面的制度化也在这个时期取得了巨大进步。例如，制定了各国间邮政业务统一规则、方法的万国邮政联盟在 1874 年成立。类似的组织是为应对各国间必然产生的实务性问题而设立的，被称为“国际行政联盟”。“国际行政联盟”虽然是为实现特定目的而设的组织，但由于其具体活动上的连续性并设置了常设秘书处，因此，这也事实上意味着各国间合作体制的制度化。

另外，民间国际组织，亦即当今国际社会的非政府组织（NGO）的活动也始于 19 世纪后半叶的欧洲。例如，至今依然十分活跃的红十字国际委员会于 1863 年在瑞士成立。目睹了意大利统一战争（1861 年）惨状的亨利·杜南（Jean Henri Dunant）创立了不论敌方友方都为伤病士兵提供医疗救助的红十字国际委员会，随后，欧洲各国也成立了国内红十字委员会。在此背景下，1864 年，规范俘虏、伤病士兵待遇的最初的日内瓦条约（1864 Geneva Convention，——译者按）得以签订，红十字委员会开展的活动获得了各国的一致认可，取得了成果。

1867 年，关于医疗问题最初的国际会议在巴黎召开，其后每两年定期在欧洲各城市之间召开。除此之外，关于具体疾病问题的会议也得以召开。药品（1865 年）、结核病（1888 年）、麻风病（1897 年）等问题相关会议在欧洲各城市相继召开。

在 19 世纪，大国间会议得以召开，行政层面各国合作关系得到了推动，以及红十字与医疗等领域的合作表明，19 世纪是一个基于人道主义的跨越国界的合作关系制度化萌芽的世纪。

海牙和平会议

仲裁裁判趋势的动向、大国间会议、红十字国际委员会的活动等 19 世纪和平运动的展开以 1899 年第一届海牙和平会议的召开为标志达到顶点。该会议在俄国皇帝尼古拉二世的提议下组织召开，目的在于缓和日益激烈的各国间军备竞赛倾向。

第一届海牙和平会议不仅有欧洲各国参加，还包括日本、清朝、墨西哥、伊朗、泰国在内，共计 26 个国家参会。会上通过了《和平解决国际争端公约》(Convention for the Pacific Settlement of International Disputes，——译者按)，发表了禁止使用窒息性毒气、有毒瓦斯以及禁止使用达姆弹（子弹的一种，进入人体后铅会碎片化，从而造成伤口的扩大）的宣言。1907 年的第二届海牙和平会议上，在美国总统西奥多·罗斯福 (Theodore Roosevelt) 的呼吁下，共有 44 个国家参会，会上通过了 13 个条约和 1 个宣言。其中的许多条约都是与规范战争的方式、俘虏的待遇等战时国际法相关的内容，而关于开战的条约规定了发动战争时宣战的必要条件与向中立国发布战争状态的通告的内容。

在这两次海牙和平会议上，美国代表团推动了仲裁裁判的制度化。海牙常设仲裁法院（Permanent Court of Arbitration，PCA，——译者按）的设立是其代表性成果，这也可以说是 19 世纪美国国内相关运动的推进取得了一定的进步。然而，产生的争端只有在当事国一致同意通过仲裁裁判方式解决的前提下才能实施仲裁裁判，仲裁法院并不是永久存在的。美国的活动家在海牙会议上极力推动仲裁裁判的强制化，旨在将其作为各国义务固定化，然而遗憾的是并没能在各国之间达成一致。

美国的和平运动活动家认为，将解决争端的仲裁制度作为各国的一项义务，那么基于法的理性判断就能够形成绅士般的国际关系，战争也会随之退出历史舞台。然而，罗斯福总统认为法并不能够解决所有问题，有时美国有必要通过自己的实力来增进国家利益，提出有必要将与国家名誉以及重大问题相关的事项作为保留事项。与国家生死攸关的重大问题作为仲裁裁判的例外事项这一政治性判断反映了司法途径解决国际争端的局限性。

在海牙和平会议上，组织构建层面仅在设立常设仲裁法院秘书处问题上有所收获，在设立永久性的会议、行政组织问题上世界各国认为时机尚不成熟。然而，在国际组织设立的历史进程中，海牙和平会议并非毫无意义。

海牙和平会议是当时几乎所有独立国家都参加了的最初的国际会议。在欧洲中心主义主导下的传统国际关系中，从地缘政治的角度而言，亚洲以及拉丁美洲各国的参加有着划时代的意义。另外，受到两次会议连续成功召开的激励，有些和平运动活动家开始组织推动以召开第三次会议为目标的运动。海牙和平会议可以被认为是在实现常设国际会议进程上非常重要的一步。尤其重要的是战时国际法相关规则得以进一步整理、完备。各国在人道问题上表现出了积极合作的姿态，并在推动实现其条约化问题上达成了合意。

20 世纪初期的世界

18 世纪之前的世界，知识分子围绕国际组织问题展开了思想上的探索，而步入 19 世纪之后，诞生了以实现国际组织为目标的相关运动。为此，各国政府也积极推动国际会议的召开，推动邮政等实务层面合作的制度化，虽然进程比较缓慢，但整体上向着国际组织的实现取得了一定的进步。然而最终却未能实现国际组织的设立。究其原因，是因为 19 世纪之前的国际体系整体上依然在发挥着作用，无论是政府还是个人都尚未能洞察到传统国际体系内部存在的根本性缺陷。

正如当时的欧洲大国往往通过大国间会议的方式处理战争引发的领土问题，问题发生之后召集会议解决问题成了惯例。此外，普鲁士宰相奥托·俾斯麦（Otto von Bismarck）推动的同盟体制模式也被认为是维持国际关系可行的模式。在欧洲，同盟与大国会议这种古典外交已然发展成熟，在这种框架之下国际关系内部的秩序得到一定程度上的维持。另外，国家间的合作关系也得以推进，但还主要限定在自发的司法途径争端解决以及实务层面领域之内。

如上所述，关于围绕着组织化问题的国家间合作关系未能取得太大进展的背景可归纳为以下几点。

各国国内情势方面，19 世纪近代国家逐步形成，是一个实现国内统一的时代。美国南北战争（1861～1865 年）、明治维新（1868 年）、德国统一（1871 年）等事例表明，国家的统一成为各国国内最紧迫的课题。在实现制度性统一的基础上，近代国家培育了统一国家必要的“国民”意识，将构建“国民国家”当作最优先的课题。各国合作构建国际组织的问题则仅限于一些思想家、活动家的梦想而已。

此外，考虑到亚非地区的实情，不难发现这是一个帝国主义的时代，欧洲大国为争夺海外殖民地相互之间进行着无休止的战争。大国之间通过同盟、会议方式构建协调关系的同时，为了在“未开发地区”扩张势力而相互竞争。概言之，该时期欧洲的协调是基于“对内平等，对外不平等”这样一种双重标准的国家间关系。

第二届海牙会议召开的同年（1907 年），由于英俄协约的成立，加上之前形成的英法协约、法俄同盟，三国协约的同盟体制正式形成，大国之间在这样的同盟体制之下展开了殖民地的瓜分。大国之间在邮政、运输等领域合作的同时，在战争的方法问题上制定了战时国际法，形成了一定范围内的绅士规则。但另一方面，各大国也忙于追求国家利益，支配弱者以及获取殖民地。其间，战争作为追求国家利益的手段被认为是国家固有的权利。这也是在当时大国之间形成的国际关系的实态，没有国家对于这种形态的国际关系表示疑义。

只有在经历了人类历史上第一次“总体战”之后，国际社会才开始从根本上反思传统国际关系的框架，并在此基础上考虑推动设立国际组织。

第一章 国际联盟的成立

——42 个创始成员国

1914 年 7 月，以奥匈帝国皇储裴迪南大公在巴尔干半岛的萨拉热窝被暗杀为导火线，第一次世界大战爆发。基于之前欧洲各国之间缔结的同盟条约中的相互援助条款，欧洲各国及其海外殖民地很快被卷入了战争。

同盟国一方的德国、奥匈帝国、土耳其与协约国一方的英国、意大利、法国、俄罗斯、日本、美国是主要的参战国，包含所有宣战国在内，参战国总数达到了 31 个。战场不限于欧洲，还波及欧洲大国殖民地中东地区以及亚洲地域。电影《阿拉伯的劳伦斯》中刻画的在中东地区十分活跃的英国将领的形象令人印象深刻，其历史背景就是一战时英国与德国之间激烈争夺美索不达米亚地区。

无论是参战国的数量还是波及地域的范围以及长达四年零三个月的时间段，第一次世界大战都称得上一场真正的大战，许多国家的国民被卷入了战争，留下了深远的影响。传统战争体制下，国家社会经济体制基本与平时没有太大的差异，普通国民的生活也不会受到太大影响。但是第一次世界大战动员了许多普通民众，为推行军事产业优先政策改变了国家经济体制，为获取战争的胜利举全国之力展开舆论统制与宣传运动等，是一场集结全国之力发动的“总体战”。由于全国的人力物力与资源都投入到了战争之中，军事技术突飞猛进，潜水艇、坦克得以开发使用，也出现了使用毒气造成杀伤的情形，战争变得异常惨烈。

包含军人、平民在内，第一次世界大战导致了大约 945 万人丧生。基于该次战争带来的巨大破坏，萌生了如何防止类似战争再次发生的思考，可以说成立战后国际组织的动向便是这种思考顺理成章的结果。

第一节 民间构想
——大战中的摸索

中立国美国

1914 年 8 月，欧洲爆发大战的同时，美国总统威尔逊（Thomas Woodrow Wilson）宣布美国保持中立。美国最终参战是在 1917 年 4 月，在两年零八个月的中立期间内，美国有时间站在局外人的立场审视战争。中立的立场与充裕的中立时间使得美国有余力思考、讨论战后国际关系的形态问题。

美国独立后一直保持着不干预欧洲事务的孤立主义政策。然而，19 世纪末，通过美西战争获得了殖民地的美国已然发展成了帝国主义国家，从西奥多·罗斯福总统出面斡旋日俄战争讲和等事件中可以看出，美国在国际舞台上的发言权日益增加。在此背景之下，美国人越来越关注国际局势，针对构建一个和平的战后世界秩序，围绕设立国际组织的可能性与具体形态问题展开了广泛的讨论。

随着战事的推进，美国逐渐认识到不能再继续保持“隔岸观火”的超然立场。由于德国开始无限制级潜艇战，民间船只也开始受到攻击，美国人的利益受到了直接损害。其中带来最大冲击的是英国籍豪华客轮“卢西塔尼亚号”（RMS Lusitania）沉没事件。1915 年 5 月 1 日，载有 1257 名乘客与 702 名乘务人员的“卢西塔尼亚号”从纽约出发，5 月 7 日，受到德国潜水艇攻击而沉没。遇难人数高达 1198 名，其中美国人达 128 名。该事件导致美国国内批判德国的舆论高涨，加盟英法的呼声日益强烈。

强制和平联盟

在战争爆发的 1914 年，和平运动的相关民间团体数在欧美已达 130 个左右，其中 60 余个在美国。在这些团体之中，1915 年 6 月成立的“强制和平联盟”（League to Enforce Peace, LEP）由于原美国总统威廉姆·霍华德·塔夫托（William Howard Taft）与哈佛大学校长阿波特·劳伦斯·罗维尔（Abbott Lawrence Lowell）等著名人士的加盟，其影响力颇为强大，开展了大规模的相关活动。

在 1918 年 11 月通过的该团体纲领宣称，为防止战争重演，战后各国应当成立一个国际性的联盟。具体而言，其构想的主要内容如下：

1. 能够通过司法途径解决的问题则通过裁判解决。

2. 不适合通过司法途径解决的争端委之于调停委员会，由该委员会提出解决建议方案。

3. 设立行政组织，负责共同关心的问题、欠发达地区以及国际利益的管理。该行政组织的目的在于安定与进步。

4. 设立由各国代表组成的议会，负责国际法的法典编纂以及行政业务管理。公开议会的讨论内容。

5. 设立由各国代表构成的执行机构。各国按照相应责任与义务比例向联盟派遣代表。通过经济、军事力量阻止发动武力攻击。条约的内容应当予以公开。

从上述强制和平联盟的提议可以看出，联盟构想的国际组织是一个模仿美国国内政治体系（行政、立法、司法）的翻版。此外，承认国际组织有权决定经济制裁、武力制裁。虽然围绕是否赋予国际组织强制力问题存在很大争议，但正如强制和平联盟团体名称所示，和平离不开强制力，将武力制裁的权能赋予国际组织的原则写入了具体的提案之中。承认武力制裁的观点认为，组织起国际性的武装力量并确保国际性武力行使的正义性是其前提。

此外，强制和平联盟还讨论了国际组织的总部所在地、成员国范围以及与美国宪法之间的关系等问题。在讨论过程之中，关于组织名称问题曾使用了“国际联盟”（League of Nations）这一表述。强制和平联盟提出的最终方案刊载在了 1918 年 1 月的《独立》（*Independent*）杂志上，虽然其中将“盟约”（Covenant）作为国际组织的名称写入了最终方案，但其实际使用的名称却是上述“国际联盟”。他们构想的国际组织并不仅仅是一个会议体，还拥有行政机构，同时还提议设置处理对国际关系有重大影响的经济、社会、政治问题的机构。

上述强制和平联盟的草案是提议设立一个强有力国际组织的方案，但在强制和平联盟内部也存在反对的声音。围绕究竟应该在多大程度上赋予国际组织强制力的问题在和平联盟内部出现了分歧，特别是态度消极的成员反对赋予武力制裁的权能。

海牙会议派

武力制裁是强制和平联盟提出的国际组织构想的基础。对此予以正面反对的是序章中提到的积极支持海牙和平会议方式的相关人士。19 世纪末美国国内推动实现仲裁裁判的运动颇有影响力，他们偏向于主张通过完备法律、仲裁裁判以及调停的海牙方式解决国际争端。提出该主张的团体中包括了国务卿罗伯特·兰辛（Robert Lansing）、原国务卿伊莱休·鲁特（Elihu Root）等有影响力的人物。

他们认为，只要法院依据客观且中立的法律标准做出理性的决定（判决），各国就应当会遵从（判决）。其认为裁判中的判决自身已经包含了强制效力，反对为了将判决付诸实施而动用武力。强制和平联盟派则认为，为防止条约以及法院判决成为一纸空文，以武力为后盾保障法的实效性是必要的。对于这种观点，仲裁裁判支持者认为可以通过教育以及社会舆论来保障法的实效性。正如詹姆士·布朗（James Brown Scott）教授所言，“重要的不是拔出宝剑，而在于教育的过程。”（James Brown Scott, “International Organization: Executive and Administrative,” *Proceedings*, *ASIL*, 1916）简言之，其认为国际组织通过行使武力来废除战争的做法是本末倒置，“理性的力量能够克服黑暗的力量，正义终将战胜武力”（同上）。围绕是否有必要以武力为后盾执行法律在两派之间争论不休。

海牙派在积极支持常设国际法院以及完备国际法的同时，对主张国际组织制裁权能的观点持批判态度。他们从根本上反对防止战争有必要动用武力的观点，同时，对于通过各国是否能在实施制裁中达成一致的可行性问题提出了质疑。

国际法学者对于战争的疑问

在同一时期的美国，由于受到第一次世界大战的冲击，国际法学者们对于战争的法律地位问题提出了疑问。在传统的国际法里面，战争并不被认为是违法的，并承认战争是国家的合法权利。在承认国家有发动战争的权利同时，传统的国际法更倾向于对战争的方式方法添加一定的规制。这种观点具体体现在禁止使用毒气瓦斯等武器，规定战俘以及伤病士兵待遇的战时国际法的发展上。

1916 年美国国际法学会召开之际，国际法中的中立制度成了争论的焦点。由于传统国际法的中立概念认为中立国有权自由地与交战国之间从事武器、弹药贸易，因此，美国也曾与以英国为中心的交战国之间开展贸易活动。然而伊利诺伊大学教授詹姆士·加纳（James Wilford Garner）却以此为例指责美国“正在参与大洋彼岸的战争”（James Wilford Garner, “Some True and False Conceptions Regarding the Duty of Neutrals in Respect to the Sale and Exportation of Arms and Munitions to Belligerents,” *Proceedings*, *ASIL*, 1916）。加纳教授认为，美国人周日前往教堂祈祷和平，却在平日里为增加出口而鼓励军工产业的态度是矛盾的，对于美国是否应该维持这种双重标准提出了疑问。

普林斯顿大学教授菲利普·布朗（Philip Brown）论述称，中立与将世界作为一个整体看待的观点是根本矛盾的，其指出：“像现在这样相互交流如此发达的时代里，无论什么样的国家，无论是平时还是战时，都无法做到对他国的事情漠不关心”（Philip Marshall Brown, “ Munitions and Neutrality,” *Proceedings*, *ASIL*, 1916）。传统的战争仅局限于当事国之间，1894 年的甲午战争与 1904 年的日俄战争中第三国也得以维持局外中立的状态，但是这种思维已然是落后于时代了。

相应地，加纳认为，“如果战争仅仅是当事国之间的事，那么战争永远都不会消失”，主张应当转变思维，“战争是世界共同关心的事”（Garner, *International Law and World War*），应当在认识到战争是国际社会共同关心的事情的基础上对战争加以规制。

与此类似，对传统国际法提出疑问的学者中还有芝加哥律师所罗门·利文森（Salmon O. Levinson）。在第一次世界大战爆发之前，利文森对于国际法并没有多大兴趣，但在战时当他得知战争并不违反国际法的时候感到了震惊。利文森开始独自展开国际法的研究，其认为承认战争符合国际法就等同于鼓励战争，而构建和平的法律规则没有得到论述是国际法中存在的一个重要问题。1918 年春，利文森在《新共和国》（*The New Republic*）上发表题为“战争的法律地位”的评论中指出，如果战争是合法的，那么反对战争就是不合理的。利文森一针见血地指出了战争合法论的本质性悖论：如果国家发动战争是合法的，那么国民还能够以何为据反对战争、军国主义以及军备竞赛？利文森在第一次世界大战之后投入自己个人财产主导了“战争违法化”运动。

然而这些国际法学者并没有直接提出设立国际组织的问题。但他们主张废除战争及对其加以规制的尝试不可能仅凭一国之力实现，这离不开国际社会整体层面的努力与制度化。在这一点上，可以说他们都是积极支持构建国际组织的。

美国国内的自由主义者

强制和平联盟、海牙会议派、国际法学者团体在当时美国社会中皆是属于接受过高等教育的知识精英群体，在此之外，其他团体也发表了关于战后国际秩序的构想。

美国社会党于 1914 年发表的关于战后国际秩序的宣言中包含了如下构想。当时的美国社会党拥有一定的实力，党员人数达 115000 名，在 1912 年总统选举中拥立独自的总统候选人。

1. 免除赔偿。

2. 除非人民投票或同意之外，不得割让领土。

3. 按照当地居住民的意愿，承认所有处于外国统治下国家的独立。

4. 废除现行秘密外交，创立有立法、司法功能的国际会议处理国际问题。

5. 全世界范围内裁军。

6. 政治与产业的民主化、主要产业的国有化以及改善劳动状况。

该构想中特别值得关注的是第二、第三项中包含的民族自决思想。第一次世界大战中，在许多大国都拥有海外殖民地的背景下，美国社会党的该构想吸收了殖民地独立的要求，明确表达了反对帝国主义的姿态。

1915 年 1 月成立的女性和平党也发表了战后构想。第一次世界大战爆发后，围绕和平问题，女性也展开了积极活动。其中，简 · 亚当斯（Jane Addams）发挥了核心作用。作为一名社会改革家，亚当斯致力于芝加哥贫民窟中贫困民众的救济。此外，其在妇女参政权运动、和平运动领域也十分活跃。在 1915 年 1 月 10 日召开的美国女性和平党创立大会上，多达 3000 名人士与会，亚当斯在会上发表了最具包括性的题为“建设性和平”的和平构想项目。该构想项目提议立即停战、缔结推动裁军以及产业国有化的国际协定、消除导致战争的经济原因（撤销经济壁垒）、外交民主化、民族自决、仲裁制度、公海自由以及设立替代势力均衡的“国际合作组织”。

美国女性和平党会员人数逐渐扩大到4万名。作为女性和平党的领袖，亚当斯赶赴欧洲参加了1915年4月在荷兰海牙召开的国际女性会议，并在会上提出了女性和平党的战后构想。为推动实现该战后构想，亚当斯游说了英国政治家赫伯特·阿斯奎斯（Herbert Henry Asquith）、爱德华·格雷（Edward Grey）、德国政治家贝特曼·霍尔维格（Theobald von Bethmann-Hollweg），此外，还谒见了罗马教皇本尼迪克特十五世。在美国国内，亚当斯也会见了原总统罗斯福、总统威尔逊（Thomas Woodrow Wilson）以及威尔逊的心腹爱德华·豪斯（Edward M. House）。

欧洲各国国内的动向

在荷兰，大战爆发后不久便成立了“永久和平中央组织”（Central Organization for a Durable Peace）。另外，1913年获得诺贝尔和平奖的比利时国际法学者、著名的和平运动活动家亨利·拉封丹（Henri-Marie La Fontaine）为躲避战火流亡伦敦，其间提出了设立有司法解决功能的民主性联盟。拉封丹寄希望于中立国美国，认为美国应该在其中发挥领导作用。

挪威以及丹麦等中立国就国际组织问题也广泛交换了意见。挪威某位思想家重新解读了康德，提出了设立名为“正义人士同盟”（League of Right）组织的构想方案，建议在该组织框架内完善类似常备军的武装力量。

与此同时，德国也并非完全无视这些国际社会的动向，德国宰相霍尔维格在 1916 年 11 月 9 日表示，德国也在考虑加入战后的联盟。

在法国，1915 年成立的团体“法之下的和平”（La Paix par le Droit），考虑沿袭海牙方式。法国政治家当初对于国际组织并没有太大兴趣，但随着美国的参战，法国对于战后国际组织的热情迅速高涨。参加了第一次海牙会议的 M. J. 希拉克（M. J. de Sillac）在 1916 年末访问了美国，探讨了各种各样的构想方案，并积极推动政府考察强制和平联盟提出的战后构想方案。此外，1918 年，法国国际联盟协会也提出了构想案，该团体的代表人物便是法国著名政治家，之后参与了《国际联盟盟约》起草的莱昂·布儒瓦（Léon Victor Auguste Bourgeois）。

在各种各样的动向之中，与美国保持密切联系并在之后提出重要草案的是英国的团体。

以英国子爵詹姆斯·布莱斯（James Bryce）为中心成立了名为“布莱斯俱乐部”的团体，1915 年该俱乐部成立了“国际联盟协会”（League of Nations Society）。该协会与美国强制和平联盟合作，相互交换了意见，但其成立之初并非是官方政府层面的团体。

此外，还有其他探讨战后国际组织的团体，新闻记者雷纳德·伍尔夫（Leonard Woolf）以英国“费边社”（Fabian Society）为中心展开讨论。伍尔夫也认为防止战争有必要设置国际组织，基于此，其详细讨论了设置处理行政事务的秘书处、成员国、代表、投票权等相关问题。另外，以英国劳动党成员为中心成立的团体规定了政府改善当前的外交方式方法、在外交中导入民主统制等内容。

这些诸多积极展开活动的团体之中，获得了英国政治家格雷以及洛依德·乔治（David Lloyd George）支持的是布莱斯俱乐部。

在各种联盟构想盛极一时的同时，当时英国国内关于由美国发挥领导作用的问题上逐渐达成一致。美国国内探讨战后国际组织问题的浓厚气氛在英国广为人知。英国论著家诺曼·安格尔（Norman Angell）的著作《大幻想》（*Europe's Optical Illusion*）（1910年）在战前被译为25国语言，成为超过100万部的最佳畅销书。安格尔曾披露称，如果与美国和平运动活动家交谈五分钟，他就能拿出一个关于世界联邦的完整计划。其认为，参战前的美国利用自己中立国的地位，得以无私地展开战后国际社会构想。

在这样的背景下，在各国政府将设立国际组织作为正式公开的政策之前，早在大战之中以英美民间团体为中心展开的各种各样构想已渐趋完善。也正是以民间团体的活动与构想为基础，国际联盟才能得以诞生。

第二节 巴黎和会

——围绕《国联盟约》的争论

美国参战与威尔逊的讲和原则

美国发表中立宣言后，威尔逊总统尝试从中斡旋以促成讲和，但并未能实现。同时，1917年1月22日的美国国会上，威尔逊发表了题为《没有胜利的和平》的演说，阐述了美国关于着手筹备战后构想的立场。同年2月，德国开始无限制潜艇战前后，美国获取了有关德国准备占领墨西哥的情报，威尔逊开始倾向于参战。1917年4月，威尔逊在美国国会发表宣战宣言，结果众议院以373票对50票，参议院以82票对6票通过了对德宣战决议。

美国参战后九个月，1918年1月8日，威尔逊发表了由十四条构成的讲和原则。威尔逊提及了上述美国民间团体的构想，自己设立了谋划战后世界的咨询机关“调查”（Inquiry）完善战后国际秩序构想。结果，威尔逊在美国国会发表了被称为“十四点计划”的如下原则。

W. 威尔逊（1856~1924年）
美国总统（1912~1920年），历任普林斯顿大学校长，新泽西州州长。实施了反垄断等国内改革。作为学者主攻美国国会政治，著有《议会政府》等。

1. 公开外交以及禁止秘密条约。

2. 公海自由。

3. 消除经济贸易壁垒以及确立公平的通商条款。

4. 裁军。

5. 民族自决。

6. 从俄国撤军以及战后俄国的政治制度。

7. 恢复比利时的主权。

8. 处理战后法国领土问题。

9. 调整意大利疆界。

10. 允许奥匈帝国境内各民族自治。

11. 从罗马尼亚、塞尔维亚、门的内哥罗撤军并处理领土问题。

12. 奥斯曼土耳其境内的民族自治以及达达尼尔海峡

的自由通航。

13. 波兰独立。

14. 设立战后国际组织。

上述“十四点计划”中的最后一项中，威尔逊首次公开提议设立国际组织。然而，虽然威尔逊提出了设立提议，但威尔逊自身并没有率先向国内外展示国际组织的具体内容。究其原因，威尔逊认为，设立一个怎样的国际组织的问题应该在与各国商讨的基础上予以决定。为此，对于美国国内团体提出的构想威尔逊没有明确表示支持，没有表露出支持强制和平联盟提出的草案的姿态。该团体代表对此感到极大失望，认为即使会见威尔逊本人也将无济于事。

威尔逊-豪斯战后构想

1917 年 9 月前后，威尔逊指示其心腹豪斯开始秘密研究组建战后国际组织的具体方案。豪斯不仅重视强制和平联盟的意见，还积极会见海牙派人士，在尽可能广泛听取意见的基础上总结出其自己的构想方案。在豪斯构想的大体框架内发生国际争端的情形下交由仲裁与调停制度解决，但同时对于明显违反约定的国家也包含了施加经济制裁或者军事制裁的可能性。该构想案中还明确提及了威尔逊一贯主张的尊重领土完整的相关内容。

在此背景下，在英国以上述民间构想，特别是上述布莱斯俱乐部的讨论为基础的政府方案逐渐形成。该方案由英国的沃尔特·菲尔莫尔（Walter Phillimore）爵士为首的委员会制定。该委员会的正式名称为“国际联盟委员会”（The Committee of the League of Nations），此处也使用了“国际联盟”这一组织名称。菲尔莫尔方案提议设立常设议会以及仲裁法院。

1918 年 6 月，威尔逊指示豪斯研究菲尔莫尔方案。在此基础上，7 月 13 日，豪斯通过将自己的方案与菲尔莫尔方案对照参考正式提出了豪斯方案的最终版。

豪斯方案构想了一个大国框架下的联盟，明确提出外交公开的原则。虽然该构想案也包含了设立裁判法院，但其权限却受到了限制。威尔逊一贯主张的领土完整概念被引入了该构想方案中，规定“无论什么样的战争以及战争威胁”都是联盟关心的问题。明确规定了关于武力制裁的问题，这一点相比于菲尔莫尔方案而言在防止战争以及制裁问题上体现出了明显的进步。传言威尔逊在看了豪斯方案后指示其删除裁判法院相关条款。对于威尔逊与豪斯而言，通过仲裁裁判解决国际争端的海牙方式并不那么重要。毋宁说威尔逊-豪斯战后构想的核心在于构建一个强大的联盟，即，成员国之间相互承诺尊重领土完整，当约定遭到破坏的时候能够施以制裁。

杨·史末资的计划

从民间构想到政府构想，联盟构想逐渐实现的过程中，杨·史末资（Jan Christiaan Smuts）的著名提议带来了巨大影响。

史末资曾出任英联邦南非陆军大臣，之后成为巴黎和会上英国代表团的一员。1918 年 12 月 16 日，史末资发表了一份题为《国际联盟——实践性提议》的小册子。该提议中史末资指出，“联盟必须成为由各国构成的国际关系的重要据点。（中略）必须成为创造丰富的文明生活且富有活力的组织”（Jan Smuts，“The League of Nations：A Practical Suggestion”）。史末资讴歌了国际联盟拥有的伟大精神意义，其理想主义色彩被认为对威尔逊产生了巨大影响。

此外，该提言中还论述了国际联盟追求的国际合作认为其已经成为国际关系中非常现实的问题。史末资认为在战时形成的协约国已然构筑起了合作关系，以此为基础，联盟已经不再是遥不可及的乌托邦而是有着其现实可能性。

参战国在战时结成的“协约国委员会”（Inter - Allied Council）通过战时协调协约国之间的粮食配给、运输、煤炭、弹药等物资分配建立起了各国之间合作的基础。从这些经验中，各国也认识到国际联盟的功能不仅在于防止战争，其在推动各国经济合作方面也十分有益。史末资看到了国际联盟在促进各国经济合作方面也能发挥重要作用。

另外，史末资敏锐地洞察到了时代的变化，指出国际联盟能够很好地填补欧洲老牌帝国衰落与旧秩序崩溃带来的权力真空。其进一步论述道，通过弱肉强食建立起来的帝国及以不平等性为前提的国家扩张尝试最终走向了失败。否定帝国主义体制持续性的史末资提出了后帝国主义时代新国际秩序之一——委任统治。然而这并不意味着史末资主张解放所有的殖民地。南非被认为还不适宜自治，巴布亚新几内亚则被认为应当由澳大利亚领有。史末资坚信文明的优越性，并且继续使用“野蛮人”等象征文化进化论思想的概念。这也表明他的委任统治方案中包含了新旧两种思维模式。

大国与小国

史末资的提议中还提到了大国与小国关系的问题，认为该问题对于国际联盟是一个非常棘手的课题。史末资认为投票的方法十分棘手，“无论是全体一致还是多数决都解决不了（大国与小国关系）”，此外，“如果危地马拉算一票，美国算五票？十票？一百票还是一千票？”（Smuts，同上）等票数标准问题难以统一。以人口为标准则中国第一，以富裕为标准则美国第一，以版图面积为标准则大英帝国第一。由于没有界定国家大小与优劣的决定性标准，史末资提议国际联盟内同时设立所有国家地位平等的大会与少数大国构成的理事会。其中国际联盟的主要事务由理事会负责，并具体指明理事会成员由英国、法国、意大利、美国、日本五大国构成。而德国成为安定的民主主义国家之后，也被认为能当选为理事会成员国。此时史末资的提议中，上述六国才能被称为“大国”。

次年，1919 年 1 月 14 日，英国和会代表且在之后的国际联盟中非常活跃的罗伯特·塞西尔（Robert Cecil）也提出了塞西尔方案。塞西尔方案中也提出以“国际联盟”作为组织名称以及将日内瓦作为组织总部等，其许多提议在后来的国际联盟设立中得以实现。此外，与史末资类似，塞西尔提案中也建议设立理事会与大会两大支柱性机构。但对于史末资承认中小国家代表也能够成为理事会成员国的提议，塞西尔则限定只有大国才能成为理事会成员国。

如上所述，菲尔莫尔方案、豪斯方案分别在英美政府内部得到讨论，而在 1918 年末 1919 年初，史末资方案、塞西尔方案也先后问世。由于这些方案都是由非常有影响力的人物为中心提出，因此，英美两国政府在正式提出的战后讲和会议国际组织草案编成过程中也吸纳了这些构想中的建议。

在各国代表团参加的正式会议召开之前，英美两国主导下制定的规约草案在 1919 年 1 月末正式形成，并成为各国讨论的基础。该草案的实际执笔者为英国代表 C. J. B. 赫斯特（Cecil James Barrington Hurst）与美国代表大卫·亨特·米勒（David Hunter Miller），方案以二人的名字命名为“赫斯特·米勒案”。

巴黎和会上的讨论

1918 年 11 月，德国投降，交战双方实现了停战，翌年 1 月 18 日巴黎和会正式拉开帷幕。

巴黎和会最初的目的在于讨论针对德国、奥匈帝国、土耳其的领土以及战争赔款等的条件问题。相应地，有意见指出在讲和会议上讨论国际联盟问题并不恰当，应当在会议结束后再讨论国际联盟问题。但是同月 22 日，在巴黎和会的主导机构五大国会议（英国、美国、法国、意大利、日本）上英国明确表示设立国际联盟是战后世界必不可少的，并最终通过了在讲和会议上正式讨论国际联盟的决议。

1 月 25 日召开的讲和预备会议上，威尔逊指出创立国际联盟是讲和会议的重要课题。美国总统威尔逊出席巴黎和会也正是由于创立国际联盟对其自身的重要性。同日，负责起草国际联盟盟约的“国际联盟委员会”（之后又称“联盟盟约讨论委员会”）正式成立，国际联盟问题也被作为正式的议案展开讨论。该委员会由美、英、法、意、日五大国各派两名代表出席。最初的代表为（之后的出席人员有所变动）美国代表威尔逊与豪斯，英国代表塞西尔与史末资，法国代表布儒瓦与费尔南多·拉尔纳奴（Ferdinand Larnaude），意大利代表维托里奥·埃曼努尔·奥兰多（Vittorio Emanuele Orlando）与维托里奥·夏洛亚（Vittorio Scialoja），日本代表牧野伸显与珍田捨巳。同月 27 日，其他国家也汇集巴黎，经过讨论，比利时、巴西、中国、葡萄牙、塞尔维亚被选入委员会，并各派一名代表出席会议。

作为会议流程的基本框架，首先在大国代表之间达成一致，然后在国联盟约讨论委员会上公开正式讨论。法国代表以征求本国政府意见需要时间为由，对于这种方式表示了异议，然而威尔逊否决了法国的异议。威尔逊认为在起草阶段若需要取得各国政府认可的话必定会耗时颇多，建议将讨论委员会达成的最终草案提交各国政府。威尔逊的提议被作为会议的基本方式得以确定下来。

2月3日，国联盟约讨论委员会第一次会议召开。英美在会上提出了准备好的盟约草案（赫斯特·米勒案），法国与意大利也分别提出了各自的草案。威尔逊在会上率先发言，高调宣称，“国际联盟已经不再是一种选择，而是绝对必要的”（David Hunter Miller, *The Drafting the Covenant*）。以威尔逊的发言为开端，国联盟约讨论委员会拉开帷幕。

国联盟约讨论委员会成员　前列左起为珍田捨巳、牧野伸显。其他代表来自美国、英国、法国、意大利、中国、巴西、希腊、比利时、葡萄牙、罗马尼亚等国。

会议在巴黎克里雍大酒店（Hôtel de Crillon）351 室召开，每次会议时间约 3 个小时。会场中间放置铺着红色桌布的大圆桌。相比于礼仪庄重的国际会议，该会议更像商业会谈，各国代表的着装也只是普通西服。

会议语言为英语与法语，但并非逐一翻译，对于语言不通的代表也只是让翻译在其耳边轻声解释。实际上绝大部分的讨论都是通过英语进行的。如图所示，经过 15 次会议之后，《国联盟约》草案的起草工作宣告完成。

表 1-1　国联盟约讨论委员会各次会议主要内容

第 1 次	2 月 3 日 提出赫斯特·米勒案
第 2 次	2 月 4 日 序言，名称以及总部相关问题
第 3 次	2 月 5 日 大国与小国
第 4 次	2 月 6 日 尊重领土完整条款与常设法院
第 5 次	2 月 7 日 规约第 15~17 条，制裁
第 6 次	2 月 8 日 委任统治
第 7 次	2 月 10 日 仲裁裁判
第 8 次	2 月 11 日 条约变更
第 9 次	2 月 13 日表决第 1~8 次会议中确定的各项条款
第 10 次	2 月 13 日 同上，讨论法国修正案，确定第一草案
第 11 次	3 月 22 日 威尔逊修正案
第 12 次	3 月 24 日 同上
第 13 次	3 月 26 日 门罗主义相关条款
第 14 次	4 月 10 日 所有条款的确认与修正
第 15 次	4 月 11 日同上，确定最终方案

注：2 月 14 日到 3 月 14 日之间威尔逊离开巴黎归国。

中小国家的主张——顾维钧的雄辩

如上所述，截至 1 月 27 日，国联盟约讨论委员会成员国由 5 个大国与 5 个中小国家共计 10 个国家构成。但在 2 月 4 日第二次会议上，希腊、波兰、罗马尼亚、捷克斯洛伐克提出要求出席盟约讨论。威尔逊两次拒绝了这些国家的要求，但法国却支持，最终，委员会认可了这些国家的要求。

结果，委员会的正式成员达到了 14 国 19 名成员。即，除了五大国之外，中国、比利时、巴西、波兰、葡萄牙、罗马尼亚、捷克斯洛伐克、南斯拉夫、希腊九国各派出一名代表。其中，作为中小国家代表，特别活跃的是中国代表顾维钧（Wellington Koo）与比利时代表保罗·伊曼斯（Paul Hymans）。

在《国联盟约》起草过程中，中小国家最关心的问题是理事会的构成。依据最初方案，理事会成员仅有五大国派代表组成，五大国握有所有事项的决定权。对此，巴西代表提出了异议。其他中小国家代表支持巴西的提议，主张中小国家也有权向理事会派驻代表。法国与意大利支持中小国家的主张，而英国则对此表示反对。

顾维钧（1888～1985 年） 毕业于美国哥伦比亚大学，外交官。以其卓越的语言能力在国联舞台上为中国的立场辩护。曾任驻英国大使（1941～1946 年），战后历任驻美国大使、国际法院法官。晚年移居纽约。

中国代表顾维钧的雄辩确立了大国与小国地位问题讨论的基调。作为国联盟约讨论委员会的著名演讲之一，他的演讲至今为人所称道。

顾维钧明确赞成南斯拉夫与比利

时代表提出的国家平等原则，但从更加实际的角度出发表示并不反对由大国出任常任理事国的提议。顾维钧的演讲中指出，“一个大国的利益也许的确会大于一个中小国家的利益。但并不能当然地认为一个大国的利益会大于五十个以上中小国家的利益”（Miller，同上）。此外，其认为如果将中小国家置于理事会局外人的立场则国际联盟必定难以有效运作。仅仅在成为侵略国与被侵略国之时才被理事会召唤的中小国家必定难以充分信任国际联盟。此外，当五大国分裂为两国对三国之时理事会必定会出现瘫痪，此时中小国家的作用就十分必要了。

明确一国一票原则

法国代表拉尔纳奴在表示支持中小国家的同时，认为英国、法国、日本、意大利、美国在此次大战的胜利中发挥了至关重要的作用，这是“不可否认的事实”，强调了大国的重要性。威尔逊认为即便承认中小国家出席国联理事会的权利，也不应当赋予其投票权。另外，英国的塞西尔子爵也主张，“国联的成功离不开大国的支持”（Miller，同上）。由此可见，在大国代表的发言中，对于维护中小国家权利方面其态度普遍比较消极。

对此，伊曼斯批驳称，“应当向全世界展示一个公平的国际组织——联盟”（Miller，同上），仅仅由大国构成的理事会与“神圣同盟”没有本质区别，中小国家的积极参与是国际联盟发展成为一个新组织不可或缺的前提。

经过上述一系列反复讨论，在第九次委员会会议上同意了吸纳四个中小国家出任非常任理事国，中小国家的立场得到了认可。关于威尔逊当初反对的中小国家投票权问题，规定作为理事会成员之一（的中小国家）享有一票，在这一点上中小国家通过制度设计实现了让大国认可自己的立场。

在国际组织中这种大国与小国之间的所谓“资格定位”的制度化体系也为当今的联合国所沿袭，其源头则可以追溯到围绕《国际联盟盟约》起草的相关讨论之中。对于只有大国才能出席理事会这一大国提出的构想，中小国家提出了异议并成功地迫使大国认可了中小国家参与理事会的权利。这也是中小国家自己争取到的权利。

此外，关于各国向国联大会派出代表的人数也存在争议。如果不明确具体代表人数，一些成员国被认为有可能派出庞大的代表团。最终达成一致，每国五名代表的提议被认为过多，因此各国代表团人数最多不超过三名。

在国联大会上的投票权问题上实行一国一票原则。塞尔维亚代表提议，一国一票原则“应当明确写入（《国联盟约》之中）”（Miller，同上）。当时，承担会议记录工作的美国人米勒称赞该提议“着实系明智之举”，而实际上该提议在国际关系史上的意义更是深远，其价值难以估量。在《国联盟约》讨论之前的一般性国际协定中从未明确约定过一国一票的投票权问题。在大会中各国享有平等的投票权明确写入《国联盟约》，这标志着主权国家制度层面上享有平等的法律地位得以明文化。

“代表”的含义

虽然在大会中制度性地规定了一国一票原则，但就殖民地能否参加国际联盟，具体而言，印度能否向国际联盟派驻代表问题成了一个有争议的问题。

首先，英国的塞西尔论述称，印度为第一次世界大战的胜利做出了贡献，国际联盟将印度排除在外将会使印度人民感到

国联中国代表团（1920 年）

莫大的侮辱。此外，其认为印度的一部分地区已经实现了民主统治，在不久的将来印度会成为“自治殖民领”，支持印度加盟国际联盟。对此，威尔逊表示，如果承认印度可以加盟国际联盟，那也应当允许菲律宾加盟，因此其反对印度加盟国际联盟。

从中可明显看出塞西尔与威尔逊在殖民地、民族自决问题上的不同态度。经过一系列的争论，最终印度在保持英国殖民地身份的同时获得了国际联盟创始成员国身份。此外，作为大英帝国自治领的加拿大、澳大利亚、新西兰、南非也成了创始成员国。

其次，关于成员国的政体问题，即成员国是否仅限于民主主义国家的问题。作为政治学者的威尔逊在详细了解各国统治形态的基础上指出，“无论理论上如何认识，谁都不会认为第一次世界大战之前的德国是由人民统治的”（Miller，同上），其认为战前德国的统治形态并不是人民做主。威尔逊提出这个问题在于为美国参战的目的辩护。美国高扬民主主义的大旗参加了战争。相应地，战后理想的国际秩序被认为是只有“人民自治政府”（popular selfgovernment）才能参加国际联盟。然而威尔逊指出，如此一来日本这样的君主制国家的加盟资格必然会成为新的问题。对此，法国代表发言称，“无论是共和制政府还是君主制政府都没有问题”，“日本不是代议制”（Miller，同上）也没有问题。

最后，在围绕国际联盟组织的讨论中，多次提到由非政府性质政党以及民间团体构成的合议体是与政府代表构成的理事会、大会不同的组织，应当在国际联盟内另行设置。在国联盟约讨论委员会成员之中，史末资明确表示支持该观点。其认为将国联代表限定为政府会令战争中开展运动的各国人民以及劳动团体寒心，有必要将国联建设成一个代表舆论的舞台。对此，有代表指出创设一个直接反应民声的制度不具有现实可操作性。比利时代表伊曼斯认为，制度层面上直接吸纳人民的主张可能会将劳动工会等导致的利害关系对立问题带入国联之中。

作为时代背景，当时劳动者跨越国境的合作蓬勃发展是推动国联讨论设立由民间团体构成的合议体的重要因素。1919 年 2 月，国际劳工与社会主义者会议［International Socialist and Labour Conference，又称“伯尔尼会议”（Berne Conference），——译者按］在瑞士召开。会上英国劳动党代表提出，派往国际联盟的代表不应当是政府代表，而应当是议会代表。在民间（非政府）层面跨越国境的人际纽带日益加深，欧洲地区尤甚的背景下，国际联盟创设过程中讨论了是否有必要制度性地吸纳这一新国际动向的问题。事实上，参与此次伯尔尼会议的美国国务院代表也发表了同样的提议。盟约草案的实际起草人米勒曾向豪斯询问是否有必要将这一新的动议纳入盟约之中，但得到的回答却是“几乎不可能”（Miller，同上），最终该项提议未能得到采纳。

然而这样的提案或讨论并非毫无意义。设置由人民代表组成合议机构的想法唤起了各国国民对于国联盟约讨论委员会民主讨论的期待。在此背景下，国联大会代表的派遣问题最终由各国自行决定，另外，随后国际联盟中设立的专家委员会经常会邀请熟悉相关问题的团体（NGO）参与其中。

集体安全保障

当今联合国所继承的集体安全保障制度正是起源于上述强制和平联盟等民间团体的构想之中。所谓集体安全保障是指各国将本国安全委之于国际组织，在遭受侵略之时，所有成员国共同对抗侵略国以支援被侵略国。与“同盟”不同，同盟通常限定在两国，至多数国，且通常是建立在现实假想敌国基础之上。集体安全保障则是将国际社会作为一个整体，秉持“一国为整体，整体为一国”的行动理念。作为支撑该制度的前提原则，威尔逊强烈要求成员国之间公开承诺尊重他国主权，不得侵犯他国领土。

该问题在正式提交国联盟约讨论委员会之前各大国之间也展开了多次讨论，其间各国的意见分歧也十分明显。相比于威尔逊固执地坚持领土保全问题，塞西尔则建议如果可能的话希望删除该条款。其认为如果加入该条款，在各国相互尊重彼此国境以实现秩序安定的层面固然有益，但势必也会导致现有国界的固定化。史末资在高度评价领土保全原则的同时也对其可行性提出了质疑。然而威尔逊却固执坚持一定要将国际联盟具有保护受到外部攻击的被侵略国家的义务写入《国联盟约》草案之中。事实上这一规定最终成了《国联盟约》第十条，也成了美国参议院拒绝加入国际联盟的原则性问题。

在英美意见出现分歧的同时，国联盟约讨论委员会第四次会议就领土保全条款展开了长时间的讨论。有代表指出该条款无非旨在提供一种心理上的慰藉，而比利时代表提出的修正案称，作为决定制裁的理事会决议要件不需要全体大会一致通过，仅需要多数表决即可。其进一步呼吁应当赋予理事会决议内容以强制力。该修正案获得了法国代表的赞同。亦即，比利时与法国代表希望能进一步强化该制裁条款。而塞西尔则反对赋予理事会决议强制力。

如上，虽然各国在决定领土保全以及制裁的理事会决议效力问题上存在分歧，但第五次会议关于对违反盟约挑起战争国施加制裁的原则本身并无异议。正如上述米勒在记录中写道的那样，关于制裁这一前所未有的国际协调框架的“根本原则”各国并无异议。可以说在国际联盟创设之初对侵略国施以制裁的原则广为人知，并在各国之间达成了一致。此外，相关讨论之中关于侵略国的定义及如何认定侵略国的问题上则言辞暧昧。

旧殖民地的处理——委任统治

其他引起讨论的问题还有德国等领有的旧殖民地处理问题。1 月 30 日，国联盟约讨论委员会正式开会之前召开的五大国会议的记录中写道，“今日上午，讨论了殖民地相关问题，讨论甚是激烈。”（Miller，同上）

法国代表克列孟梭（Georges Benjamin Clemenceau）正面提出质问称，既然威尔逊在“十四点计划”中提出了民族自决，斯玛茨计划也提出了委任统治构想，那么应当如何处理德国殖民地问题呢？威尔逊和奥兰多（意大利）就旧奥地利领有的的里雅斯特进行了交涉。威尔逊主张将的里雅斯特纳入国联的委任统治之中，意大利方面对此表示反对。大国对于与自己有利害关系的地域纳入委任统治领的做法态度不甚积极。

虽然英国国内意见也并未完全一致，但洛依德·乔治就原土耳其、原德国领有地区纳入委任统治的问题原则上表示赞同。但同时其认为并不适合将所有的殖民地不加区分地统一对待，建议依据发展阶段，即该殖民地是否系未开发地区以及是否适合自治而有必要加以区别对待。对此，作为大英帝国自治领的澳大利亚则希望将原德国领有地区纳入其直接统治（即殖民地化），如若国际联盟承认了这种新的殖民地，则势必违反此前威尔逊所主张的原则。

在五大国会议上，各国关于将委任统治领地分配给各国的方案达成了一致。结果是，原德国殖民地之中的西南非地区、新几内亚、萨摩亚群岛、南洋群岛分别分配给南非、澳大利亚、新西兰、日本作为委任统治领地。

然而此时大国之间的合意并未能就所有原德国领有的殖民地之处理做出详细决定，依然留有暧昧不明之处。提交给国联盟约讨论委员会的委任统治具体草案也没有就所有原德国领有殖民地做出明确规定。

在国联盟约讨论委员会正式开会之前，大国之间就委任统治范围及委任统治国已然达成一致，在委员会上中小国家不得不接受大国之间的合意。委员会的讨论过程中不确定因素进一步增加了，1 月 30 日的五大国会议上，已然被确定为委任统治地区的亚美尼亚、库尔德斯坦、叙利亚、美索不达米亚、巴勒斯坦、阿拉伯半岛被排除在委任统治范围之外。即，从国际联盟统制中被排除，使得大国支配成为可能。

中国代表顾维钧在委任统治问题上明确表明了中国的立场，明确了“威海卫不应当被作为德国殖民地对待”（Miller，同上）。在中国看来，战时日本占领的原德国在中国的领地成为一个复杂的问题。

承认“门罗主义”与中国的反对

《国际联盟盟约》第二十一条规定，任何《国联盟约》条款“不得影响对门罗主义之类地域性问题的理解”，即，《国联盟约》之规定并不否定美国主张的其在西半球的优越性地位。

该条款并未出现在史末资与威尔逊最初构想之中，民间联盟构想之中亦未见提及。该条款在国联盟约讨论委员会于 2 月 13 日第十次会议上达成的合意之中，以及 2 月 14 日和谈预备会议上提交的第一次草案中都未提及。

该第二十一条由美方正式以修正案形式提出是在威尔逊临时回国后了解到美国国内，尤其是美国参议院强烈反对之后的事。

2 月 14 日达成合意的《国联盟约》草案一经公布，以威廉·博拉（William Edgar Borah）、亨利·卡伯特·洛奇（Henry Cabot Lodge）为首的美国部分参议院议员提出，美国自己做出的决定不应当受到国际机构的影响，尤其强烈反对《国联盟约》第十条规定。《盟约》第十条规定成员国相互尊重领土完整。威尔逊针对规定领土完整原则的第十条之外提出了保留门罗主义这一关于地区性规定不受影响的内容，希望借此能够消除反对的声音。

相应地，美国追加门罗主义保留条款的提议成为威尔逊回到巴黎后关于盟约起草最后的重要议题。英国熟知美国国内情势，同意美国提出的追加门罗主义保留条款的提议。事实上，《盟约》第二十一条草案正是由英国提出来的。英国并没有将门罗主义保留条款附于《盟约》第十条之后，而是技术性地将其放在最后条款之前的方式认可了美国的提议。

中国代表顾维钧在察知该动向之后迅速采取行动。3 月 26 日，顾维钧拜访了美国代表团随员米勒，就草案中添加门罗主义是否会导致承认所谓的“日本门罗主义”问题表达了担忧。事实上，日本于 1917 年与美国签订了《石井－兰辛协定（Lansing-Ishii Agreement）》，关于中国问题其规定美国承认日本在华享有“特殊权益”（特别有利的权利）。

结果，该问题在 4 月 11 日的委员会最后一次会议上，在威尔逊的主导下再次展开讨论。会上，法国与中国明确反对门罗主义保留条款。法国认为特殊对待门罗主义而将其纳入《盟约》之中的做法无异于承认了美洲各国的特殊主义，该做法于理不合。

随后，顾维钧认为门罗主义是历史的产物，并认可了有其特殊性的一面，但建议从载有“门罗主义类似的地域性理解（原文为：regional understandings）”的原方案中删除“地域性理解”字样。如上所述，在中方的立场来看，中方担忧“地域性理解”会给中国的现状带来不利影响。顾维钧数次发言，认为如果难以删除“地域性理解”内容，建议添加“此前一般性理解”作为限定。

此间，威尔逊起身以前所未有的语气发表了意见。威尔逊认为《国联盟约》系门罗主义的延伸，为在《盟约》中添加门罗主义条款进行辩护。依据威尔逊的解释，门罗主义体现了欧洲各国不侵犯他国与他国不干涉欧洲事务之精神，该主义原本是由于政治体制之差异而提出来的。此次美国参与欧洲战事亦为贯彻此目的，进而言之系为打倒非民主主义国家德国，因此门罗主义之内容与《国联盟约》之精神并无矛盾之处。威尔逊之言并无太强烈的说服力，就威尔逊本人而言，其固执坚持加入该条款之目的乃在于争取美国参议院的认可。

威尔逊演讲之后，虽然顾维钧依然坚持删除“地域性理解”字样，却最终被驳回。次日，怀揣着不满的顾维钧再次造访米勒，要求其重新考虑。豪斯也对顾维钧的态度表示担忧。法国的反对系战术上的行为，而中国的反对则被认为是本质性行为。然而顾维钧的提议还是未能得到认可。同时，相比于其他问题，日本在该问题上保持了沉默。

国际联盟的成立

如上，2 月 3 日至 4 月 11 日的两个多月时间里，五大国与九小国组成的国联盟约讨论委员会起草完成了由二十六条构成的《国联盟约》。其后，4 月 28 日的巴黎和会上通过了《国联盟约》，6 月 28 日《国联盟约》作为《凡尔赛和约》的一部分开放给各国签署（1920 年 1 月 10 日生效）。

依据设立条约《国联盟约》之规定，国际联盟这一组织制度性地诞生了。关于这一点，国际联盟并不是单纯的永久性会议机构。该组织之目的、运营框架由《国联盟约》规定，从该意义上而言，国际联盟系依法设立的制度。

具体组织机构方面，设置了由各国代表构成的理事会与全体大会，全体大会上各成员国各享有一票，理事会由常任理事国与非常任理事国构成。此外，还设置了常设机构秘书处，总部位于瑞士日内瓦。瑞士奉行中立政策，也未参与第一次世界大战，被认为是最适合设置国际联盟总部的地方。此外，常设国际法院（Permanent Court of International Justice）得以在海牙设置，这也表明国际联盟在制度上沿袭了海牙方式。

经过一系列筹备工作，以 42 个创始成员国组成的国际联盟正式开展活动。42 个创始成员国分别是：阿根廷、英国、意大利、伊朗（波斯）、印度、乌拉圭、委内瑞拉、萨尔瓦多、澳大利亚、荷兰、加拿大、古巴、希腊、危地马拉、哥伦比亚、瑞士、瑞典、西班牙、泰国（暹罗）、捷克斯洛伐克、中国、智利、丹麦、尼加拉瓜、日本、新西兰、挪威、海地、巴拿马、巴拉圭、巴西、法国、秘鲁、比利时、波兰、玻利维亚、葡萄牙、洪都拉斯、南非、南斯拉夫、利比里亚、罗马尼亚。

第三节 “大国”日本

认识落后的日本政府

在欧美各国，探讨国际组织的相关思想古已有之。特别是自 19 世纪后半叶开始，出现了以设立国际组织为目标的运动，作为反对帝国主义政策的潮流，高扬国际合作与裁军为目的的各类和平团体也相继涌现。然而对于热衷于修改与欧美各国不平等条约及推进海外扩张的日本而言，对于通过国际裁判解决国际争端以及设立国际性会议组织的相关思想、运动十分陌生。日本于 1911 年实现了其恢复关税自主权的夙愿，对于在法律上实现了与欧美大国平等的日本而言，建立公正的国际司法制度等问题过于理想主义而显得不切实际。

第一次世界大战爆发后，欧美各国开始意识到设立国际联盟已经是一个现实问题，无论政府抑或民间皆展开了广泛讨论。

然而，在日本还看不到这种动向，日本的应对显得十分被动。对日本而言，第一次世界大战是一场代价小且经济利益丰厚的战争，并且在欧美各国无暇顾及亚洲问题之际正是日本在中国扩张的绝佳时机。

即便如此，欧美地区设立国际组织的相关信息也源源不断涌进日本。历史学家托马斯·巴克曼（Thomas W. Burkman）的最新研究表明，强制和平联盟领导者之一的西奥多·马尔堡（Theodore Marburg）于1916年6月给日本时任首相大限重信的书信中，提出了向日本传播强制和平联盟的活动及理念的问题，此外，其还接触了日本驻美大使佐藤爱麿。

在通过正式的政府渠道接触没有达到预期效果之后，马尔堡开始尝试与日本的和平运动活动家合作。马尔堡不仅让约翰·霍普金斯大学的日本人留学生将强制和平联盟相关文书翻译成日语，还由强制和平联盟出资制作了日语版宣传小册子。大日本和平协会及在日本美国人和平协会于1917年8月刊发了题为《强制和平同盟团（美国支部）》的宣传小册子，从这个翻译版中可以看出第一次世界大战中美国的思潮及运动在日本得到了宣传。马尔堡再次将介绍强制和平联盟的小册子直接交送给木野一郎、佐藤爱麿、石井菊次郎等外交官、政治家，以及基督徒田川大吉郎、毕业于哈佛大学的时任枢密顾问官兼日美协会会长金子坚太郎。

然而整体上日本官民对于国际组织的关心度不够。其中对国际组织表达积极见解的是吉野作造。吉野在《中央公论》（1918年2月号）中引用威尔逊与洛依德·乔治的演说分析了战后国际组织问题，认为战后国际组织构想的实现将会给国际关系带来革命性的变化。此外，东京帝大教授立作太郎也在

《外交时报》（1918 年 7 月号）上探讨了国际组织问题。

英国作家 H. G. 威尔斯（Herbert George Wells）一贯支持设立国际组织，在给日本人的公开信中呼吁日本参加国际组织，该信为《东京日日新闻》与《大阪朝日新闻》所刊载。威尔斯坚信，战后国际组织如若想成为真正世界性规模的机构，离不开日本的参与。1918 年 10 月至 11 月期间，日本的新闻也开始逐渐刊载讨论联盟构想相关问题的报道。

来自近卫文麿的批判

这期间，对国际联盟展开批判的代表性人物为时任贵族院议员、后来的首相近卫文麿。《日本及日本人》（1918 年 12 月 15 日号）刊载了近卫题名为“排斥英美本位的和平主义”的文章。

近卫认为日本的舆论为英美政治家的宣言所迷惑，批判称其根源在于“自身忘记了日本人应有的立场，转而无条件无批判性地讴歌英美本位的国际联盟”。此外，其认为英美大国的所谓大义另有内情。

> 吾人亦非无加区分而自始妄自批判国际联盟。若此国联能据其真意之正义人道之理念而成立，则于人类之幸福及国家之利益吾自当不惜竭力赞同并祝愿其成立。然此国联之目的恐为大国欲经济性地吞并小国，并欲使欠发达国家永远只得望发达国家之项背。即，于此国联最大获益者限于英美两国，余者仅为正义人道之美名所惑，虽名为同类，然不仅毫无所得，亦必将经济性地渐趋萎缩尔。

近卫进而大胆地论道，“在临近之讲和会议上，誓将使英美人深悔其前非，一改其傲慢无礼之态度，不仅使其撤销对黄种人入国之限制，亦必将使其修正一切对黄种人歧视性待遇之法令”。

近卫的这篇短小论文很快被翻译至海外并受到了广泛关注。然而近卫注意到，巴黎和会全权代表西园寺公望认为其观点有过于批判英美之嫌。作为西园寺随员参与全权代表团出访欧洲的近卫目睹了欧洲战祸，据说也因此改变了其态度。

外交调查会——伊东和牧野之间的争论

随着巴黎和会迫近，外务省方面汇集了来自驻欧美地区外交官的诸多情报，关于日本立场问题请求指示的电报也频繁发送至外务省。其中，时任驻英大使的珍田捨巳提醒外务省方面称，可以预见国际组织问题会成为第一次世界大战之后讲和会议上的重要课题，如若没有确定的应对方针则将对日本在讲和会议上的立场极为不利。

1918 年 11 月 13 日的外交调查会（临时外交调查委员会）上，战后国际组织问题成了会议议题。外交调查会设立于 1917 年的寺内正毅内阁，系直属天皇的外交审议机关，成员由首相、外相、内相、陆相、海相、枢密顾问官构成。会上，内田康哉外相就威尔逊的“十四点计划”做了说明。内田态度消极，认为考虑到国际联盟成立后日本将陷于不利之处境，尽量延迟有关具体问题的应对而先观望他国之应对以及国联成立之后日本陷于国际孤立皆非上策。

外交调查会上围绕国际联盟问题的讨论出现了意见分歧。枢密顾问官伊东巳代治批判了威尔逊的“十四点计划”，认为英法并非完全认可“十四点计划”，大国之间也并没有实现意见一致。而针对国际联盟的批判意见中，既有一般性批判威尔逊“十四点计划”过于理想主义的意见，也存在针对其具体内容的批判意见。

例如，美国在增强海军的同时倡导裁军的行为被认为是虚伪的。作为国际组织成功的前提条件，即，各国平等、普遍性利益而非国家利益优先、政治与军事条约的废除、利己性经济同盟的废除、秘密条约的废除等条件尚不具备。人口、资源存在差异的各国间的合作存在困难，国际组织的运营亦非易事。此外，也出现了赞同近卫提出的国际联盟最终系为了维持英美各国现状的观点，国联的目的被认为在于抑制二等国家扩张势力。

针对伊东的观点，同为枢密顾问官的牧野伸显在 12 月 2 日的外交调查会上予以了反驳。其认为日本应当反思重视秘密外交与同盟的传统旧外交式做法，必须学习威尔逊式外交的做法，在和平主义与反对战争的声音成为国际舆论主流趋势之下，日本应当详加忖度盛行于世的和平思想，关于国际联盟也应当认真对待。鉴于国际联盟最终有可能会得以实现，在其创立之初邀请日本参加之呼声亦甚高，一旦日本拒绝加盟则极有可能为国际局势所抛弃，主张日本应当积极加盟国际联盟。牧野认为日本不能仅仅充当一个国际局势的“旁观者”，积极参与国际事务也能提升日本的国际地位。

针对牧野的积极论调，伊东言辞激烈地予以回击，并质问道：难道日本要放弃领土扩张吗？难道日本要放弃日英同盟吗？陆相田中义一与前首相寺内正毅都支持伊东并反对牧野。然而牧野坚持国际联盟必然会成立，主张日本应当积极应对。

消极的政府与外务省

最终，外务省未能在巴黎和会之前确立关于国联的明确方针。当时日本出于传统外交观念的考量，最关心的问题为日本战时已获得的权益及今后美国如何参与亚洲事务等。对于国家实力相互竞争的弱肉强食世界观根深蒂固的日本外交层而言，很难想象能够成立国家间相互合作基础上作为实体存在的国际组织。

时任外务次官的币原喜重郎也担心国际联盟会采取多国间外交方式议事。币原认为日本并不擅长外交交涉中必需的语言，亦不习惯多国参加的会议外交，而更习惯于两国之间的国别交涉方式。其后出任外务大臣并在1920年代后期积极倡导协调外交的币原也对国际联盟甚是迷惑而感慨颇多，认为只得是“顺应大势”而已。然而其亦认为日本不可能不参加国际联盟。上述币原的见解代表了当时外务省的主流意见，整体上日本对于国际联盟的创设态度消极。

西园寺公望被选为巴黎和会日本政府全权代表。日本政府从朴次茅斯会议后爆发的日比谷骚乱事件之教训出发，认为应当选任国民更易于接受的政治家出任讲和全权代表。但是西园寺由于健康原因而推迟出发，到达巴黎时已是3月2日，此时国联盟约讨论委员会已经完成了主要议题的讨论。相应地，实质上的日本代表为次席全权大使牧野和驻英大使珍田。

牧野与另外23名随员一同于12月10日携200多件行李从横滨港出发。全权代表团先是横渡太平洋，从旧金山转陆路访问纽约、华盛顿，会见了美国政要，听取了有关国际联盟的意见。其后，1月4日，从纽约港出发横渡大西洋前往巴黎。

加入大国行列的“沉默伙伴”

巴黎和会上，除了与日本利益密切相关的原德国在山东半岛权益以及人种平等问题之外，日本代表团采取了被称为“白纸主义”的顺应大势的方针。且，正如币原所忧虑的，日本代表团的确不擅长多国间的会议外交。因此，其他国家的会议参加者以及法国舆论将日本称之为“沉默的伙伴”，日本被认为是除与本国直接相关问题之外的议题上保持沉默的国家。巴黎新闻报道更是讥讽日本的沉默是源于东洋深思特质的秘密主义，抑或仅仅只是装模作样的“纸老虎”。

上述日本的沉默与中国外交官在会上的活跃表现在媒体报道中形成了鲜明对比。例如，1 月 28 日英国的报纸报道称，“在当日的大会讨论中，来自中国的使节，哥伦比亚大学毕业生威灵顿·库（顾维钧的英文名）展示了极为优秀的英文演讲，极具特色。他给众多的列席人员留下了深刻的印象。对此，日本使节则朗读了法文稿件予以回应”（转引自中野正刚《直击讲和会议》）。

受海外舆论抨击之影响，2 月 3 日的外交调查会上日本代表团的沉默战术受到了批评，调查会指示日本代表团，为了展示日本关注世界性问题的姿态，即使与日本并不直接相关的问题也应当积极发言。该方针对于在盟约讨论委员会上成为常任理事国的日本而言也是必要的选择。

关于确立国际联盟大国地位问题，原本威尔逊设想为英美法意欧美四大国。秉持欧美中心的世界观，同时对 1911 年爆发辛亥革命并走向新的国家建设道路的中国身怀同情的威尔逊在将日本列为大国之时表现出了犹豫。然而前述对威尔逊产生影响的著名的史末资备忘录将日本列为五大国之一。史末资在向英国同盟国日本表达敬意的同时，从将国际联盟定位为世界性组织的角度出发，有必要从地缘分配角度将日本作为亚洲代表纳入大国之中。故此，作为英美最终构想方案的赫斯特·米勒方案（1月27日）将美国、英国、法国、意大利、日本列为五大国。

同时，美国的兰辛国务卿对于是否应当将日本列为大国持有疑虑。兰辛认为意大利即使在国联设立之初不能成为常任理事国，其后依然有成为大国的机会，而日本若在设立之初不能被赋予大国地位则其后几乎不可能再获得类似的崇高国际地位。在对华二十一条问题、缔结《石井-兰辛协定》、俄国革命后出兵西伯利亚问题上兰辛与日本直接交涉颇多，日本并没给兰辛留下什么好印象。

日本“大国”地位的认定主要系出于地理性平衡考虑的结果，把东洋新兴国家日本“制度性地纳入大国”，从欧洲中小国家的角度来看其亦是值得钦羡的对象。

为数不多的修正案

1919年2月6日，第四次讨论委员会召开，日本提交了盟约案关于裁军问题的修正案。如下所述，在关于仲裁裁判修正案与人种平等提案被否决的过程中，只有该问题成为少有的反映日本意向的例子。

该日提出的原方案中载明，“将国家的军备缩减至国内安全保障必要的最低限度”。该方案采纳了日本代表部的提案，修正为“国家安全保障”。原方案中载明的将军备裁减至“国内安全保障”必要水准的想法源于1918年1月威尔逊提出“十四点计划”时所采用的提法。然而“国内安全保障”必要的军事力量仅是维持警察武装的较低水准，据此标准则允许各国所能保有的军备十分有限。而且，“国家安全保障”系防御外敌入侵为目的，需要更高水准的武装力量，日本的修正案设定了远低于最初构想的裁军门槛。

同时，日本还提出了关于仲裁裁决的修正案。原提案内容指出，将争端交付仲裁裁决期间任何一方均不得发动战争。日本修正案中将一定期间“不得发动战争”修改为“不得进行战争准备”。日本提出该修正案之动机主要出于与强于自身的军事强国交战时的考虑。日本担心一旦仲裁裁决失败而爆发战争之时，对方充分的战争准备将于己不利。

讨论委员会在讨论过程中，就如若修改为“不得进行战争准备”的情况下，究竟是于大国有利还是于小国有利成了讨论的焦点。英国的塞西尔担心，在爆发冲突可能性极高的情况下，如果不允许中小国家在三个月的缓冲时间内进行国防准备，那将会十分有利于保有战争能力的大国。对此，牧野认为如若小国进行战争准备则大国必然做出应对，结果会导致出现军备力量的差异。塞西尔进一步指出了另外一种情况：大国为侵略邻国而在国境线上集结重兵，在该问题交付仲裁的情形下，对于已经准备侵略的国家而言可谓已是万事俱备，而对于感受到威胁的国家而言却不能有任何作为。塞西尔认为“日本的主张有利于大国”（Miller，同上），该观点也获得了法国、葡萄牙、中国的赞同。而仅有意大利赞同日本的提案，最终日本的修正案被驳回。

“人种平等条款”的提出

日本最初向国联提出的提案为要求将人种平等条款载入

《国联盟约》。1906 年，日本与美国之间爆发了关于加利福尼亚移民排斥问题的争端。此外，从时任外交官并随后出任日本驻国际联盟代表的杉村阳太郎的经验之谈中也能看出该问题成为事关日本的现实性问题。杉村谈道，“来到南非开普敦之后，我目睹了不仅日本人，还有黄种人及黑种人都受到了极大的虐待，甚为愤慨。（中略）即使日本人前往餐馆准备点菜吃饭也会遭到拒绝。此外寻求住宿亦会受阻”（杉村阳太郎《国际联盟的理想与现实》）。从中可知，即便是外交官也经历过人种歧视。

收到日方上述意见之后，威尔逊心腹豪斯与英国的贝尔福（Arthur Balfour）关于人种平等问题交换了意见。豪斯手拿讴歌平等的美国《独立宣言》复印本尝试说服贝尔福。然而贝尔福则认为，“人人平等能够在某一特定国家得到实现，然而要中非地区的非洲人和欧洲人平等是难以想象的”，其对于跨越国境的人种平等持怀疑态度。从如下论述中可以看出豪斯对于日本表示同情的一面。

> 对于日本外交政策面临之困境深表理解。于日本人而言，其不能向非洲扩张，亦不得进入白人国家，甚至不能进入中国以及西伯利亚。然而随着日本的不断发展，其国土几乎耕作殆尽，日本总会寻求一个海外扩张的突破口。（Miller，同上）

豪斯指示米勒起草关于人种平等条款的具体内容。米勒起草的相关条款中规定，来自缔约国的歧视性待遇有违人种平等原则。然而米勒自己在给豪斯的信件中认为该条款并没有什么意义。最终，这样的条款只是起到提示原则的作用，并不能产生法律上的效果。此外，宣扬白人优越论的“白澳政策”（White Australia Policy）倡导者澳大利亚首相威廉·休斯（William Morris“Billy”Hughes）也对此条款表示反对。

故此，2 月的盟约讨论委员会上否决了日本建议在宗教信仰自由相关条款中加入人种平等原则的提议。

然而日本并没有放弃，并在 4 月 11 日会议最后一天的最后阶段再次提议在《国联盟约》序言中以添加的形式加入人种平等原则。据米勒回忆，“（日本此举）是经过精心设计的”（Miller，同上）。究其原因，委员们完成了《盟约》起草的重任，会议整体氛围十分和谐，（提案）想必更容易获得各国的支持。

事实上，希腊代表发言称，“很难反对（日本的提议）”（Miller，同上），其认为应当认可拥有普世价值的人种平等提案。然而豪斯却对该条款今后是否会在全世界范围内引起人种问题表示了担忧。威尔逊虽未对日本提案表示原则性反对，但其认为该原则已然体现在了盟约精神之中，反对就该问题单独增设条文。威尔逊出身于美国南部的弗吉尼亚州，其既有对于美国国内人种不平等问题表示宽容的一面，也有对英国强烈反对表示理解的考量。

最终日本的提案被交由投票表决。结果，除了主席威尔逊之外的 16 名与会者中，日本全权代表 2 名、法国委员 2 名、意大利委员 2 名、捷克斯洛伐克、中国、希腊、葡萄牙、南斯拉夫共 11 名代表表示赞同。虽然中日两国围绕山东问题等分歧颇多，然而在人种平等问题上中国却与日本保持了步调一致。反对方有英国、美国、巴西、波兰、罗马尼亚。虽确保了过半数赞同，然而威尔逊却主张如此重要的规定应当获得全体会议一致通过，最终驳回了人种平等提案。针对威尔逊上述与此前做法大相径庭的议决方式，法国代表拉尔纳奴表示了反对，而威尔逊却强行坚持己见。

山东问题与中国的反对

日本十分关切国际联盟这一新组织对于巴黎和会中提出领土要求会持何态度。具体而言，作为政府方针，日本提出继承“德国的胶州湾租借以及在山东省的德国铁路及其他权利、赤道以北德国领有的太平洋群岛”。

其间，英美法意日五国代表已然讨论了山东问题。然而中国讲和会议全权代表对此表示反对，要求日本向中国返还在战争中获得的相关权益。虽然日本以 1915 年对华“二十一条”为依据主张本国的要求，即便该要求是“合法”的，然而由于威尔逊倡导的不得吞并领土的原则以及国际社会向中国表示友好与支持，同时在中国杰出外交代表团的攻势之下日本面临十分不利的处境。

对于威尔逊而言，这是一个事关美国舆论与国际舆论的问题。威尔逊所倡导的民族自决原则获得了美国国内与国际舆论的强烈共鸣。然而日本在山东问题上态度强硬且没有丝毫退让，并暗示如果其要求得不到满足则将会考虑退出讲和会议。最终，威尔逊做出艰难的抉择，容忍了日本的主张。山东问题并不适用国际联盟的委任统治制度，因此最终以认可日本事实上占领的方式满足了日本的要求。在威尔逊看来，该举措使得战时自己倡导的民族自决原则形同虚设，然而其认为一旦国际联盟成立，则该问题将能够在今后国际联盟的框架体系内得到适当解决。然而中国的巨大失落与反感引发了中国国内五四运动，结果中国代表团缺席了6月28日的讲和条约签署仪式，拒绝在《凡尔赛和约》上署名。

伍朝枢（1887~1934年） 巴黎和会中国代表，推动了中国代表拒绝在《凡尔赛和约》上签字。

作为日本“南进”据点的原德国领有的赤道以北太平洋群岛（南洋群岛）成为日本的另一项领土要求。早在1914年12月日本就在楚克群岛建立了海军据点，并在1917年通过与英国、法国、俄国、意大利的秘密交涉，就战后日本的领土要求达成了一致。与山东问题类似，出于民族自决原则威尔逊对于日本的领土要求表示反对。尤其是美国的战略构想亦有意南洋群岛。此外，南洋群岛毗邻美国领有的殖民地菲律宾，因此美国海军部分人士担心日本会在南洋群岛构筑要塞。

日本政府认为，日本已然与主要大国之间达成了一致，因此第一次世界大战之后日本理应获得南洋群岛。相应地，国际联盟创设的委任统治方式的出现无疑超出了日本的预期局势。日本担心在最糟糕的情况下有可能被迫承认委任统治，甚至其他国家被委任为统治国。威尔逊反对吞并的态度十分强烈，因此在英国及英国自治领各国皆表示顺应委任统治之“大势”背景之下，日本最终接纳了委任统治方式。

中野正刚见闻录

围绕巴黎和会与《国联盟约》起草的讨论委员会是日本参与的最初的大型国际会议。此前，日本虽也参加了海牙和平会议等国际会议，但在巴黎和会中日本却是以大国的一员身份出席，且围绕《国联盟约》起草参与了实质性的应对交涉。

此时，与日本代表团随行的中野正刚撰写了题名为《讲和会议见闻》的见闻录，其中描述了讲和会议上各国斗智斗勇的场景。

> 虽名为讲和会议，实为世界列强齐聚一堂申辩自身的主张，角逐理想、激情与利益之场。然而问题越是复杂，斗士之头脑亦随之更加发达。上至英美法意列强，下及比利时、波兰、乌拉圭乃至巴尔干各小国皆倾其全部智慧与斗志，在巴黎和会上唇枪舌剑，百花齐放，蔚为壮观。

此外，其不仅关注政治交易，同时也聚焦新兴青年才俊在解决国际问题上的风采，将其场景描绘得栩栩如生。

> 观其外表，年仅三十左右之一青年。而一青年关于商标问题之研究显得如此专业，宛若关于商标问题的世界英雄。该青年在委员会面前撩衣挽袖，挥洒自如，此时纵然是侯爵、子爵、男爵亦黯然失色。面对来自汉志（现沙特阿拉伯）的王子以及日本的西园寺侯亦毫无惧色，毕竟真才实学胜虚名。

正如中野正刚书中所言，国际联盟的创设离不开优秀专家集团的知识及其技能。

日本国内的反应

在国联盟约讨论委员会召开期间，人种平等条款成为日本国民寄予关注的问题。从 1919 年 1 月至 2 月，《东京日日新闻》与《东京朝日新闻》对该问题进行了集中报道。例如，2 月 14 日第一次盟约草案达成合意之际其中并没有人种平等条款，由此日本舆论对于在国际联盟中日本势必寡不敌众表示了担忧。此外，当在该问题上日本出现外交失利之后，《国民新闻》评论称此事可能会成为中国及其他亚洲各国之笑柄。

另一方面，石桥湛山在《东洋经济新报》上发文称，人种平等之理念固然值得尊重，然日本国民自身亦当反思自身对于中国人的歧视待遇。与石桥一样，吉野作造也抨击日本不认可中国人劳动者的移民地位问题，强调日本自身要反思其（人种）差别思想。

1919 年 8 月，日本巴黎和会全权代表团乘坐的列车从神户到达东京站之时，众多民众到站迎接，涩泽荣一亲自主持午餐会为代表团接风洗尘。

归国后，西园寺与牧野高度评价了日本跻身国际联盟五大国之列，强调今后日本应当积极配合国际联盟。曾对国际联盟持否定态度并声称要“排除英美本位和平主义”的近卫文麿在归国后也认可了国际联盟系从欧洲战争中诞生的机构，对于在国际联盟创设中发挥引领作用的威尔逊给予了肯定性评价。

历史学家巴克曼认为，国际联盟创设之初并没能引起普通民众的普遍性关注与热情。《东京朝日新闻》也评价称，国际联盟能够在多大程度上对于世界和平发挥积极作用尚未可知。

而日本国民中的基督教徒则比较例外地对于国际联盟表现出了极大关注。威尔逊本人系虔诚的长老派基督徒，从使用了包含着与神立约含义的“盟约”一词来看，可以理解为国际联盟正是源于基督教之精神。这也正是基督徒对国际联盟表示支持的原因所在。基督徒海老名弹正亲赴巴黎和会，亲眼见证了巴黎和会，在日本国内积极呼吁以基督徒为中心开展支持国际联盟的运动。此外，其后出任明治学院大学校长的田川大吉郎也亲眼见证了巴黎和会等事例表明，基督徒对于国际联盟抱有极大的期待。

第四节　美国加盟的挫折
——对未来的忧虑

参议院上的较量——威尔逊的挫折

为起草《国联盟约》在巴黎与各国反复讨论而费尽心力的威尔逊在 1919 年 2 月下旬至 3 月中期曾短暂性回国。其间，他向美国国会就国际联盟做了说明，然而却遭到了批判，《国联盟约》被认为损害了美国的主权。因此，回到巴黎的威尔逊在上述《国联盟约》中增加了不得侵害门罗主义的新条款。

巴黎和会结束后，7 月初威尔逊回国，然而国会内的反对声音依然没有平息。批准条约需要美国参议院 2/3 多数通过，而国会的反对之声使得情况不容乐观。

当时参议院有四种不同的声音。支持威尔逊立场的民主党党员约 40 名，虽持保留意见但认为可以参加国际联盟的稳健保留派共和党党员13名，被称为强硬保留派的共和党党员20名及数名民主党党员，此外，坚决反对加入国际联盟的非妥协派16名。而在非妥协派内部又有以参议院议员威廉·博拉为代表，主张美国国内问题优先并反对参与所有国际组织，以及以议员罗伯特·拉福利特（Robert Marion La Follette）为代表，认为未能解决山东问题的国际联盟与以往的同盟并无本质区别，批判国际联盟的保守本质。

主张对《国联盟约》提出保留的团体提议修改《国联盟约》第十条。《国联盟约》第十条规定了领土完整原则，据此规定，即便与美国没有直接利害关系的地区爆发战争，美国也有派出本国军队的义务。该规定遭到了反对。美国宪法规定国会参议院享有宣战权，承认第十条无异于剥夺了国会的权利，被认为是侵害了国会的权利。

参议院议员洛奇尝试通过明确维持美国行动自由的方式推动美国参加国际联盟，为此其提出了关于第十条的修正案。据该修正案，美国不承担《国联盟约》第十条项下维持领土完整与他国独立之义务，此外，未经国会之认可无论依据盟约何项之规定，美国皆不得向外派遣其陆军与海军。亦即，仅有美国国会享有宣战权。

此时美国国内批判国际联盟过于保守的团体也对《国联盟约》第十条表示了反对。例如，曾经支持威尔逊的进步派杂志《新共和》（*The New Republic*，TNR）指出，依据《国联盟约》第十条之规定，即便是为维护英国之帝国利益，美国也要承担派兵之义务。

如上所述，威尔逊陷入了来自保守派与进步派两派的非难之中。陷于绝境的威尔逊甚至辩解称，《国联盟约》第十条的规定系道义上之责任，并没有要求承担具体的义务，以此尝试唤起对于第十条的支持。

为避开《国联盟约》批判之锋芒，威尔逊采取了直接诉诸美国舆论的战术。1919 年 9 月始，威尔逊开始在美国各地开展游说，其总行程达到约 8000 英里（约 13000 公里）。9 月 4 日在印第安纳州威尔逊强调，支持第十条系为防止战争。其进一步指出，战争是世界整体关心的问题，而规定该问题的“《国联盟约》第十一条于我而言最为重要”，“给世界和平带来影响的各类问题皆是我等所关心之事项”，认为美国国民应当关心世界局势。

然而，巴黎和会上积劳成疾的威尔逊在此次游说途中的九月在科罗拉多州险些倒下。匆忙回到华盛顿的威尔逊再也未能实现重返政坛。

1919 年 11 月，附保留条件承认条约的洛奇提案与不附保留条件承认条约的方案皆未能在美国参议院获得必要的 2/3 多数通过。此后，1920 年 3 月，许多民主党议员转向支持附保留条件承认条约方案并进行了投票，但依然未能达到 2/3 多数（赞成 49%，反对 35%）。美国民间团体为国际联盟构想发挥了巨大作用，威尔逊更是赌上了自己政治生命与个人健康努力创设的国际联盟最终却发展为美国没能参加的局面。

威尔逊的败北与胜利

历史学家中存在这样一种观点，如果威尔逊妥协的话，美国是有可能参加国际联盟的。正是由于威尔逊极力反对修改《国联盟约》第十条，导致其未能在参议院获得通过。然而《国联盟约》第十条在威尔逊指令豪斯起草盟约草案之初便获得了重视，其在威尔逊的国联构想中极为重要。此外，即便美国在认可了第十条修正案基础上批准了条约，威尔逊也担心其他缔约国是否能够认可美国修改第十条。事实上，部分英国人士认为即便不惜重开讨论《国联盟约》的国际会议，也希望能够实现美国加盟国际联盟。

认可《国联盟约》第十条被修改的基础上美国参加国际联盟的情形下，国际联盟的权威及其实质性权力能够得到提升吗？然而在这种情形下，美国的参加于国际社会发展之利弊尚未可知。当时若认可附保留条件加盟的话，就意味着可能形成即便参加了国际组织亦保留本国行动自由的原则。如果在《国联盟约》第十条被修改基础上成立国际联盟的话，他国亦会争相效仿而宣告本国之行动自由，想必日本等国亦势必如此。国际组织与主权独立时至今日依然是持续讨论的重大问题。在与本国利益没有直接关联的事件之中成员国多大程度上能够参与其中成为威尔逊面临的难题，对此，威尔逊给出的答案是，重视加盟国际组织必然伴随着国家主权受限制的原则。

在美国参议院决定拒绝参加国联之时，威尔逊言道，“并不奢望仅有胜利之名而无胜利之实之胜利。虽为失败，但为主张终极真理之失败亦可接受。”（Frederick S. Calhoun, *Power and Principle*）在美国国内遭遇失败的威尔逊在 1919 年 12 月被授予诺贝尔和平奖。

国际联盟并非在第一次世界大战之后的巴黎和会上才开始考虑的国际组织。第一次世界大战爆发之后，欧美知识分子及民间团体为谋求防止战争，描绘出了各式各样的构想，并为普及这些理念而展开运动。国际联盟的成立可谓当时和平运动的终点。以这些运动为基础，作为政治家的美国总统威尔逊推动了这一政策的发展。其间，早在战时以民间团体与英美政治家为中心开始了交换意见及相关讨论。其后，在巴黎和会国联盟约讨论委员会成立之后，经过来自十四个国家的十九名代表反复讨论，最终完成了《国联盟约》的起草。

第二章　理想与现实交错的时代

——1920 年代的尝试

1920 年 4 月 9 日，为前往美国而正在大西洋上航行的波罗的海号上雷蒙德·福斯迪克（Raymond B. Fosdick）写下了给国际联盟秘书长埃里克·德拉蒙德（Eric Drummond）的信件。福斯迪克作为国际联盟副秘书长（1919～1920 年）曾与德拉蒙德在秘书处共事，然而由于美国决定不参加国际联盟，故辞去职务归国。福斯迪克在感叹美国不参加国联的同时，写道："不会忘记与阁下一道共同见证了国际联盟创立这一崇高事业拉开序幕。"（Raymond B. Fosdick，*Letters on the League of Nations*）

在两年后的 1922 年 4 月 25 日，福斯迪克致信威尔逊原总统。威尔逊在普林斯顿大学执教期间，福斯迪克作为其学生而醉心于威尔逊倡导的理念。信中提及其向威尔逊转寄收到的由国际联盟新闻部寄来的收录国际联盟最初两年业绩的出版物，并写道："看到国际联盟之威信与权威与日俱增，想必您亦颇感欣慰。" 4 月 27 日，威尔逊在回信中写道："国际联盟正成为不可或缺的重要力量，其在国际关系中的意义亦必会日渐增加。"

国际联盟在其倡导者美国未能参加的重大缺憾之下拉开帷幕。然而，正如威尔逊所言，国际联盟的事业蒸蒸日上。以处理欧洲问题为首，国际联盟依据《国联盟约》向着构建新的国际秩序扬帆起锚。

第一节 理事会与大会

《国联盟约》

将国际联盟组织框架以条约形式固定的《国联盟约》全文共计二十六条（参考书后附录），相比第二次世界大战后全文共计一百一十一条的《联合国宪章》略显简短。《国联盟约》在法律形式方面表现为各国间达成合意的文件，亦即条约，然而称其名称为“盟约”则包含了起草者寄期望于该合意能够拥有超越条约之上的含义。在威尔逊及史末资的意识之中，《国联盟约》被定位于规定国际社会基本原则的宪法性地位。

《国联盟约》序言讴歌了该组织的目的，强调为了“国际协调”（international cooperation）与“国际和平与安全”，维护不诉诸战争之义务，构筑富有诚意且透明公开的国际关系，遵守国际法以及条约之义务。

依据《国联盟约》而成立的组织大致可分为三类。会议体形式的大会及理事会、司法制度形式的常设国际法院，以及承担国联行政事务并拥有全职职员的秘书处。该三类组织也为联合国所继承。

首先，大会确立了一国一票原则，并限定各国代表为三名（第三条）。理事会确立了五大常任理事国制度（由于美国不参加变更为四大国）以及四个非常任理事国制度，并规定了非常任理事国由大会选举确定（第四条）。此外，还规定了设置常设秘书处、秘书长的选任以及将国联总部设置于日内瓦的相关规定（第六、七条）。

通观《国联盟约》全文二十六条，规定防止战争与争端解决的内容占据了大部分条文。首先，明确了裁军对于实现和平的重要性（第八条），以及成员国有维护领土完整的义务（第十条）。战争系全体成员国应当关心的问题（第十一条），在可能发生争端的情形下首先应当委之于仲裁与司法程序（第十二至十四条），在不可能引发争端的情形下，理事会展开调查，依据调查结果而施以相应的制裁（第十六条）。

关于殖民地统治问题（第二十二条），规定了委任统治被划分为三个阶段。其中，原土耳其领有的殖民地为 A 类，系自治程度较高的地区，B 类为中非地区原德国领有殖民地，C 类为原德国领有的西南非、太平洋地区殖民地。

《盟约》第十八条规定了条约登记制度，第十四条规定了设立常设国际法院问题。

《盟约》第二十三条规定了国际联盟在经济、社会、人道方面参与的事项，代表性地列举了劳动条件、原住民保护、女性及儿童人身买卖、鸦片贸易、武器贸易、通商自由、疾病预防等。

然而《国联盟约》并未规定国际联盟的官方用语。由于法语自欧洲宫廷外交时代便广泛使用，此外在国际联盟设立过程中英美发挥了巨大作用，因此形成了英语与法语作为国联官方用语的惯例。

《国联盟约》中规定事项能否得到贯彻实施，以及国际联盟能否得以发展，主要取决于如下几方面因素。首先，毋庸赘言成员国的态度及其政策非常重要，亦即各国是否重视国际联盟并采取积极配合的政策。其次，国际联盟是否能确立自身独立的主体地位并发挥领导性作用。国际联盟作为成员国集合体的同时，还应当追求确立自身组织的自立性。关于该问题，不仅取决于秘书长个人的协调能力及组织能力，同时秘书处下设各部局如何提出方案及付诸实践亦非常重要。此外，不仅应当推动各国领导人物及精英层对于国际联盟的支持与理解，还应当将国际联盟渗透进各国国民意识之中，推动形成支持国际联盟的“国际舆论”亦非常重要。

理事会与大会的作用

1920 年 1 月 16 日，国联第一届理事会在巴黎召开。

国联成立后第一年共召开了 12 次理事会，然而由于在日内瓦召开理事会的条件尚不具备，理事会在伦敦、巴黎、圣·塞巴斯蒂安（西班牙）、布鲁塞尔召开。会上主要讨论了常设国际法院、委任统治委员会、难民高等事务官等相关规定。

正如《国联盟约》中关于理事会商讨“影响世界和平的一切事项”之职能规定，理事会事实上成了讨论争端、少数民族保护、财政重建、裁军等各类问题并摸索解决途径的场所。《国联盟约》虽规定理事会由 5 个常任理事国与 4 个非常任理事国构成，但由于美国未能参加，常任理事国仅有英国、法国、日本、意大利 4 个国家。如下文所述，随着 1926 年德国的加盟，常任理事国增加至 5 个。

非常任理事国自 1923 年增加至 6 个，其后在 1926 年增加至 9 个，1933 年增加至 10 个，1936 年增至 11 个国家（然而其中有两个国家是临时性非常任理事国）（参考卷末资料）。非常任理事国需获得大会 2/3 多数票认可，可连选连任。

自国际联盟设立初年始，理事会开会次数呈下降趋势，1921 年确立了每年召开五次会议（9 月两次，3 月、6 月、12 月各一次）。1929 年之后每年召开四次会议（1 月、3 月各一次，9 月两次）。此次改变主要是因为英国代表外交部长张伯伦认为随着各国外交部长出席理事会日渐增多，导致其在国务问题上处于长期空缺状态，因此提议减少召开次数。

理事会可谓是在欧洲地区发展起来的传统会议外交制度化的结果。正如序言所言，欧洲各国在战后召开会议商讨解决问题。国际联盟理事会则将这种解决国际问题的会议制度定期举行，并公示参与国家，确保能够民主地选举非常任理事国，赋予了该制度以安定性与透明性。后来的联合国安全保障理事会将议题内容限定在争端与和平问题上，而国际联盟则没有类似限制，议事内容如前所述包含了各种各样的问题。

国联大会第一次会议于 1920 年 11 月至 12 月在日内瓦召开。正如《国联盟约》第五条第三项之规定，“国联大会第一次会议及国联理事会第一次会议应当由美利坚合众国总统负责召集”，由此，在威尔逊总统的召集下得以召开。

国联大会第一次会议

绝大部分成员国对于第一届国联大会寄予了厚望，并派出了数量庞大的代表团及著名的政治家。日本为夸耀其足以与欧洲大国比肩之国际地位，派出了数量众多的随员。中小国家则重点派出了本国国内顶尖的政治家，其中不乏曾在国联盟约讨论委员会中积极活跃的人物，比如比利时的伊曼斯，捷克斯洛伐克的爱德华·本尼斯（Edvard Beneš），瑞士的朱塞佩·莫塔（Giuseppe Motta），挪威的弗里乔夫·南森（Fridtjof Nansen），希腊的尼古拉斯·波利蒂斯（Nicolas Politis）等。

第一次国联大会确立了大会一年召开一次，由各加盟共和国派出代表参会，通常于9月召开，同时确立了大会与理事会的关系。在确立常规大会之外还设立了特别大会的召集制度。1926年德国申请加盟国联之时便召开了特别大会。大会的作用在于确定事关世界全局问题的国联方针以及讨论、决定理事会提出的报告书。大会内设六个委员会（法及基本问题，专门组织的活动委员会，裁军委员会，预算与内政委员会，社会问题委员会，政治问题委员会）。

大会还讨论了出席理事会及大会代表是否应当是与外交部长、大使级别相当的人物的问题。其后召开的理事会上欧洲各国派遣外交部长参会成为了惯例，由于理事会每年召开四次，理事会也成了欧洲各国外交部长定期会晤的场合。而欧洲各国以外的国家派遣外交部长出席会议在时间及经费上存在困难，最初各国多派遣在巴黎、马德里、罗马、柏林等欧洲各都市的常驻大使参会。然而以巴西向日内瓦派遣专门负责国际联盟事务的常驻大使为契机，其他各国也争相效仿，向国际联盟派遣大使也逐渐成了惯例。

大会上讨论了提交给国际联盟的议题，在讨论过程中赋予了各国代表发言的机会，因此发挥着给各国代表展示其形象的功能。各国代表的发言不仅是为说明本国的立场及其状况，也是展现其个人能力及资质的机会。

在国际联盟设立之初便在秘书处工作，并在其后出任副秘书长的弗朗西斯·沃尔特兹（Francis Paul Walters）回顾了在国联大会上发表了令人印象深刻演说的政治家。例如，出席第二届大会（1921 年）的印度政治家斯里纳瓦萨·萨斯特里（Srinavasa Sastri）的发言震惊了欧洲各国。在听了其演讲之后，欧洲的政治家们意识到了自己仅仅是在考虑欧洲事务，开始认识到国联更是一个关乎其他地域及世界整体的组织。

此外，后来成为澳大利亚首相（1922~1929 年）并在 1930 年代后期活跃于国际联盟舞台的斯坦利·布鲁斯（Stanley Melbourne Bruce）同样在第二次大会上的演讲也给与会代表留下了深刻印象。布鲁斯认为，裁军的期待不能仅仅停留在学者及和平运动活动家层面，强调在直接参与过战争的人心中对于裁军的愿望也十分强烈，并指出正是因为自己亲历了第一次世界大战而对于裁军的想法更加强烈。

国联秘书处和国际公务员

英美两国主导了国际联盟的创立，但由于美国并未成为成员国，英国事实上承担了国联初期的主要事务。1920 年 11 月 1 日秘书处在日内瓦正式开展工作之前，国际联盟创设相关事务主要在伦敦开展。

英国人德拉蒙德出任第一任秘书长。巴黎和会期间，德拉蒙德曾出任英国外交部长贝尔福的私人秘书，深得英美政治家格雷、塞西尔、豪斯的信赖，此外其外交才能亦颇负盛名，也最终得以脱颖而出。在当时许多职业外交官对未来国联的发展持怀疑态度的背景下，德拉蒙德对国际联盟展现出了热情，承诺在新组织中开展工作。

德拉蒙德对于国际联盟的发展做出了巨大贡献。首先，制度性地确立了国联秘书处。为处理战时协约各国之间的各类事务，出现了各国人员临时性的协同工作的情况，然而当时并未确立关于“国际公务员”的原则（外交特权及中立性）。德拉蒙德在48小时内构思出了基本的秘书处构想。以该基本方案为基础，国联秘书处的业务与国际公务员的地位在国联时代逐步确立起来了。其中原则之一为秘书处职员并非由各加盟共和国任命，而是由国联任命，该原则可谓是维持秘书处职员独立、中立性十分重要的原则。另外，国际公务员要求对“国际”（global）和“国家”（national）两方面的忠诚。

E. 德拉蒙德（1876～1951年）　国联第一任秘书长（至1933年），出身于英国著名的伊顿公学（Eton College）。进入英国外交部后，在第一次世界大战中任外交部长贝尔福的私人秘书，卸任国联秘书长后至1939年任驻意大利大使。

此外，在秘书长、副秘书长之下，组织机构方面设置了政治部、经济·财政部、交通·运输部、行政·少数民族部、委任统治部、裁军部、保健部，之后还设立了社会问题部、智力

国联秘书处首脑体制

1925 年
· 秘书长（1 名）
德拉蒙德〔英〕
· 第一副秘书长（1 名）
艾冯诺（Joseph Avenol）〔法〕
· 副秘书长（2 名）
新渡户稻造〔日〕
阿托里科（Bernardo B. Attolico）〔意〕

1930 年
· 秘书长（1 名）
德拉蒙德〔英〕
· 第一副秘书长（1 名）
艾冯诺〔法〕
· 副秘书长（3 名）
杉村阳太郎〔日〕
卡鲁玻里（Giacomo Paulucci di Calboli Barone）〔意〕
费隆斯（Albert Dufour-Féronce）〔德〕

1934 年
· 秘书长（1 名）
艾冯诺〔法〕
· 第一副秘书长（2 名）
阿斯卡拉特（Pablo de Azcárate）〔西〕
皮洛蒂（Massimo Pilotti）〔意〕
· 副秘书长（3 名）
沃尔特兹〔英〕
缺员〔此前，日〕
缺员〔此前，德〕

合作部、法务部、信息部。这些设置于国联秘书处中的各部局发挥了制度性地承担由国联大会设立的委员会、专门机构相关事务的作用。例如，国联保健机关的事务主要由秘书处内设置的保健部承担，委任统治委员会的事务则由秘书处内部的委任统治部承担。然而，委员会并非常设机构，各委员会的权能、性格及与秘书处的关系皆不一而同。

一方面，秘书处若过度行使影响力或者过度展示其政策，则往往会受到成员国的批判，另一方面则往往会出现指责秘书处过度将责任推给理事会与大会的情形。维持好由成员国政府构成的理事会、大会与秘书处之间适当的关系并非易事。

此外，有感于在超越语言、文化差异的国联秘书处工作这一新的国际业务之巨大魅力，国联聚集了一大批优秀人才。在国联最鼎盛的 1931 年，有来自约 30 个国家约 700 名职员在国联内工作。

其后被称之为欧洲统合之父的让·莫内（Jean Monnet）也在国联创设期的 1919~1922 年应德拉蒙德之请出任副秘书长。瑞士外交官出身并曾任红十字国际委员会秘书长的威廉·拉帕德（William E. Rappard）拥有丰富的国际经验，在进入秘书处后活跃于委任统治部。公务员出身的英国精英亚瑟·索尔特（James Arthur Salter）出任经济、财政部长一职，参与了奥地利及匈牙利的财政重建工作。希腊外交官出身的阿拉西斯·阿里德斯（Thanassis Aghnides）出任裁军部门负责人，挪威外交官出身的埃里克·科尔班（Erik Andreas Colban）主要处理德国相关事务及少数民族问题。作为唯一的女性，英国人蕾切尔·克劳迪（Rachel Crowdy）则活跃于处理鸦片问题。

承担上述各领域专门业务系秘书处职员的主要任务，而通常性事务方面还存在“值班”制度。国联秘书处设立之初周六下午及周日全天关闭不对外办公，曾出现重要电报近36小时未被开封的情况。为预防类似事件再次发生，其后职员开始自发交替在周六、周日留宿国际联盟总部值班的制度得以形成。据说在没有什么事情的时候，在宽敞的国联总部内时间如同静止般显得异常寂静，但一旦有重要事件发生，电报局的电话就会响个不停。留宿值班虽并没有什么回报，但秘书处职员都是主动申请留宿值班。这也是因为其从“守护国联命运的孤独夜警”（Egon F. Ranshofen-Wertheimer, *International Secretariat*）职务中看到了自身的使命。

第二节　德国加盟与巴西退盟

旧敌国与埃塞俄比亚的新加盟

成员国原则上是独立且获得承认的主权国家。但是作为例外，英国的自治领加拿大、澳大利亚、新西兰、南非与英国殖民地印度作为加盟成员国也获得了认可。这是因为在国际联盟创设之初，英国便提出了将自治领各国作为平等成员对待的要求。虽然印度问题在上述国际联盟盟约讨论委员会上曾引发了争论，但由于英国的强硬态度，印度最终获得了认可。

同样，于1921年获得了英联邦自治领地位的爱尔兰自由邦（Irish Free State）也申请加盟，对此，国联大会全体一致承认了其加盟，并于1923年9月正式加盟。

第一次世界大战的战败国奥地利与保加利亚于1920年12月，匈牙利于1922年9月成为国际联盟成员国。

埃塞俄比亚也申请了加盟，但由于其国内存在奴隶制问题，国际联盟就此展开了长达两年的实地调查。依照调查结果，英国及其自治领各国主张，在埃塞俄比亚国内废除奴隶制取得实质性进展之前应当暂缓其加盟国联。法国与意大利则质疑英国的态度是其对埃塞俄比亚怀有殖民野心的表现，因此支持埃塞俄比亚加盟。

最终讨论结果为，埃塞俄比亚政府承诺努力推动废除国内奴隶制，同时在同意该问题并非内政问题并认可国际联盟拥有介入权利的基础上，埃塞俄比亚的加盟获得了承认，并于 1923 年 9 月成为成员国。埃塞俄比亚的事例引起了关于国内政治制度作为国际联盟加盟要件的讨论。在维持奴隶制的国家不应成为国际联盟成员国的批判背景之下，也蕴含着国际联盟更倾向于民主政府的考量。

土耳其也展现出了加盟的意向，并于 1927 年 10 月向国联提出以事先获得非常任理事国地位的承诺作为加盟条件。但该要求未能获得国联的认可，土耳其未能实现加盟。土耳其的加盟直到 1932 年才得以实现。

德国加盟问题

对于国际联盟而言，德国是最大的加盟问题。

在巴黎和会之初，欧洲的原中立国，例如瑞士、挪威，希望德国能以国际联盟创始成员国身份加盟。然而，虽然威尔逊希望和曾经的敌国实现和解，但认为德国实现民主主义是其加盟国际联盟的前提。法国的克列孟梭认为德国（加盟国际联盟）必须以忠实遵守《凡尔赛和约》得到确认（为前提）。另一方面，德国则是最初希望能够实现加盟。德国认为，加盟国际联盟是事关国家威信的事情，此外，在讨论《凡尔赛和约》中未明确的问题之时，加盟了国际联盟就能在理事会上对等地参与讨论。

进入1922年，英国政府对于德国加盟国际联盟的问题公开表明了支持的态度。德国认为英国态度的转变是绝佳的外交良机，并借机向国际联盟提出以立即获得常任理事国地位、不再明确要求（德国）表明遵守《凡尔赛和约》、解除军事统制、国联不处理赔偿问题作为德国加盟的条件。德国一些媒体认为，既然美国没有加盟国际联盟，那么德国也没必要加盟。为获得德国国民关于加盟国际联盟的舆论支持，德国外交部长古斯塔夫·施特雷泽曼（Gustav Stresemann）考虑以获得常任理事国地位作为加盟条件。

G. 施特雷泽曼（1878~1929年）

法国虽然对于德国的加盟并不积极，但由于成员加盟只需要大会2/3的赞成票即可，法国认为即便反对也并没有实际效果。另一方面，德国若想成为常任理事国则必须获得理事会的全体一致认可，法国如若反对便能阻止德国成为常任理事国。但同时法国也认识到，即便德国不能成为常任理事国，德国每年都当选非常任理事国的可能性极高，因此最终并没有就德国成为常任理事国表示反对。

结果，施特雷泽曼外交部长向理事国试探性地提出了德国加盟国联的如下四项条件：

1. 加盟同时立即成为常任理事国。

2. 由于德国在经济、军事层面受到《凡尔赛和约》的规制，要求免除《国联盟约》第十六条之义务。

3. 不得再向德国提出表明战争责任的要求。

4. 在适当的时候，德国能够加入国际联盟的委任统治体系。

针对德国提出的要求，理事会讨论结果如下：对于第一项，由于法国也赞同，理事会达成了全体一致认可；对于第三项，由于加盟国际联盟并不直接与战争责任挂钩，因此也没有异议。但是，对于第四项理事会回避了给予明确答复。最为棘手的是第二项。奥地利、保加利亚、匈牙利这些原敌国以及中立国瑞士也都没有要求类似的保留条件，并且德国要求的是完全中立。理事会认为，常任理事国要是不赞同国际联盟的政策会导致国际联盟原则的动摇，因此认为德国也应当遵守国联的原则。

对于上述回复，德国也表示理解。因此，德国于 1926 年 2 月 8 日正式提出加盟国联的申请。然而并不是没有反对德国加盟的声音。在法国国内对德国依然怀有敌视心理的右翼媒体舆论提出了反对，其展开宣传运动称，如果德国能够成为常任理事国，那么波兰也应当享有同样的权利。该提议获得了波兰政府的支持，此外由于西班牙、巴西在此前对于成为常任理事国也怀有兴趣，事态进一步复杂化了。

西班牙与巴西的要求

在 1921 年 9 月的理事会上，在希望成为常任理事国的西班牙提议之下，针对扩大常任理事国的提议进行了讨论，但西班牙成为常任理事国的动议最终被巴西所否决。在巴西看来，如果西班牙能成为常任理事国，那么巴西也有资格（成为常任理事国）。

作为德国加盟的附带问题，关于扩大常任理事国数量的问题在 1926 年 2 月中期成了讨论的焦点。法国新闻媒体有观点认为希望成为常任理事国的西班牙、巴西、波兰三国成为新的常任理事国也未尝不可。中国和比利时表明立场称，如果（国联）给予德国以外的国家常任理事国地位，那么自己也应当享有（常任理事国）资格。此外，当时的非常任理事国瑞典明确表示，如果给予德国以外的国家以常任理事国的地位，那么自己将会投票反对。

鉴于国际联盟的讨论陷入了混乱，德国代表施特雷泽曼乘专列赶赴日内瓦。据传施特雷泽曼的威仪让人震惊，加盟相关的文书塞满了两台货车，闪闪发光的奔驰横梗在酒店门前。德国对该问题十分重视，派出了 100 多名特派员，甚至有新闻社向日内瓦派出了衣着华丽的卖报少年筹备发行号外。在此状况之下，（德国政府担忧）万一含有成为常任理事国要求的德国加盟（方案）遭到否决的话，德国势必颜面无存。

常任理事国召开了秘密会议并达成了妥协方案。该方案明确德国成为常任理事国，解任瑞典与捷克斯洛伐克的非常任理事国职位，由波兰与荷兰取而代之。但该提议遭到了巴西的反对。巴西主张维护西半球的利害关系，再次提出谋求常任理事国地位。此外，有声音提出质疑称，在 3 月 17 日召开的国际联盟理事会上，通过秘密会议的方式决定如此重要的事项不合时宜。此时，在时任国际联盟理事会主席石井菊次郎的提议之下，决定以特别委员会的方式再次商议。

当时，在德国国内出乎意料地并没有出现反对加盟国联的论调。因为其认为，如果西班牙与巴西如此执着于常任理事国地位的话，（德国）也能接受常任理事国身份只是名誉性的前提下实现德国加盟。

经过特别委员会的公开讨论，最终达成了扩大非常任理事国的妥协方案。该方案规定，将现在的非常任理事国由 6 名扩大至 9 名，任期 3 年，虽非自动实现连任，但如若获得大会 2/3 赞成票的话，可以继续当选（非常任理事国）。该方案对于波兰、巴西、西班牙而言有可能使其成为永久的非常任理事国，能够消除这些国家的不满情绪。

6 月召开的理事会上波兰同意了该方案，但西班牙、巴西则予以拒绝，并表明了退出国际联盟的态度。6 月 14 日、9 月 11 日，巴西与西班牙先后发表了退出国联的通告。此次退出通告是继由于无法支付国联分担费用而宣布退出的哥斯达黎加（1925 年 1 月）之后国联再次有成员国退出。西班牙由于其后发生了政权变动，最终撤回了退出通告而留在了国联，但巴西再也没有回到国联。

什么是大国

经过了上述的争论，1926 年 9 月 8 日，德国正式加盟国联。德国的加盟有利于欧洲局势的稳定，而该事例（德国加盟）也表明国际联盟的确是一个以欧洲事务为中心的机构。虽然巴西的退出是一件不幸的事，但其影响还没有达到此后日本退出国际联盟所带来的巨大冲击的程度，并且欢迎德国加盟的声音很大程度上也掩盖了巴西退出国联的不幸。

德国在加盟的同时成了常任理事国，这也真实地反映了（国际社会）对于当时欧洲国际政治力量对比的认识。英国和法国都认识到，德国虽然在战争中失败了，但其依然是一个大

探讨德国加盟的大会（1926 年 9 月） 旁听席座无虚席

国，并且都意识到在国际政治中德国如果不能成为安定的力量，那么欧洲就永无和平可言。对德国的认识也应当考虑到新成立的共产主义国家苏联。德国被认为是对抗苏联的防波堤。另一方面，就德国自身而言，其一直有着自身是大国的自信，擅长于外交的德国外交部长施特雷泽曼从当时的局势出发，准确判断出了德国成为常任理事国的可能性。

上述围绕常任理事国的争论对于在国际政治领域如何认定大国资格的问题上影响深远。西班牙、波兰、巴西、土耳其虽然其各自都认为有资格成为常任理事国，但其他国家，尤其是英国和法国却并不这么认为。另外，对于德国成为常任理事国，在国际联盟内部并没有反对的声音，这也足以表明各国之间达成合意认可了德国的大国地位。此外，围绕该问题的争论也表明，常任理事国这一大国身份的制度性认可是以大国身份自诩的国家所梦寐以求的东西。

拮据的财政

如何解决国际联盟运营中的财政问题是国际联盟迫在眉睫需要确定的新问题。国际联盟效法万国邮政联盟等国际组织之先例，确定了通过成员国分担费用的方式维持组织运营。

1924 年，对《国联盟约》进行了修改，规定国际联盟的费用依据大会确定的金额由各成员国承担。会后成立了分担金委员会（Allocation Committee），确立了依照各国财政规模承担费用。1926 年至 1931 年之间的各国分担比例如表 2-1 所示。其中，依据该比例安排，日本政府在 1930 年应缴纳的金额 1716647 瑞士法郎。

表 2-1　国际联盟成员国分担费用比例（1926~1931 年度）

国别	比例数	国别	比例数
阿比西尼亚[*1]	2	爱尔兰自由邦	10
阿尔巴尼亚	1	意大利	60
阿根廷	29	日本	60
澳大利亚	27	拉脱维亚	3
奥地利	8	利比里亚	1
比利时	18	立陶宛	4
玻利维亚	4	卢森堡	1
大英帝国	105	荷兰	23
保加利亚	5	新西兰	10
加拿大	35	尼加拉瓜	1
智利	14	挪威	9
中国	46	巴拿马	1
哥伦比亚	6	巴拉圭	1
古巴	9	波斯[*2]	5
捷克斯洛伐克	29	秘鲁	9

续表

国别	比例数	国别	比例数
丹麦	12	波兰	32
多米尼加共和国	1	葡萄牙	6
爱沙尼亚	3	罗马尼亚	22
芬兰	10	萨尔瓦多	1
法国	79	泰国	9
德国	79	西班牙	40
希腊	7	南非	15
危地马拉	1	瑞典	18
海地	1	瑞士	17
洪都拉斯	1	乌拉圭	7
匈牙利	8	委内瑞拉	5
印度	56	南斯拉夫	20

注：*1 埃塞俄比亚的旧称——译者按

*2 伊朗的旧称——译者按

资料来源：作者依据《国际联盟年鉴》制作。

大部分的国家都在规定的期限内足额缴纳了本国的分担费用，中小国家之中也存在延迟支付的情况。延迟缴纳的国家有，玻利维亚、中国、洪都拉斯、尼加拉瓜、秘鲁、巴拉圭、萨尔瓦多等，其中以拉丁美洲国家居多。中国虽然因为内政上的混乱而持续出现滞纳的情况，但在第十届大会（1929 年 9 月 2 日开始）的前一日缴清了该年度分担费用的举动“引起了不同寻常的关注”。（《国际联盟年鉴》，1930 年版）

如表 2-2、表 2-3 所示，国际联盟的整体财政规模大致如此。该财政规模制度上包括了作为国际联盟下设组织的常设国际法院与国际劳工组织（ILO，在巴黎和会上设立）的费用等。

表 2-2 国际联盟整体财政规模

单位：瑞士法郎

年份	国际联盟总预算	国际联盟秘书处预算
1921 年	21250000	11700000
1926 年	22930633	12533004
1932 年	33687994	19174317
1938 年	32273251	15929331
1945 年	14868408	3126817

表 2-3 预算明细（1926 年）

单位：瑞士法郎

国联秘书处	12533004
国际劳工组织	7114938
常设国际法院	1907691
在日内瓦的建筑	1375000

从国联秘书处预算中支出秘书处职员的工资、大会·理事会·各委员会的各项经费。

而秘书处职员工资、大会等费用之外的费用列为一般经费开支。例如，在 1938 年的秘书处预算 15929331 瑞士法郎之中，支出照明、取暖费用约 14 万瑞士法郎，支出邮票费用 11 万瑞士法郎，支出电报·电信·长途电话费 57000 瑞士法郎。

沃尔特兹根据自身经验撰写了《国际联盟史》一书。据该书记载，国际联盟的预算根本谈不上丰厚，由此导致国联大会对于从预算中向各委员会项目实施支付经费变得异常严格。另外，在国际联盟向外派出职员而成员国接受其建言的情形下，相关费用由当事国负担。如下所述，派遣李顿调查团的相关费用由中日两国达成一致共同支付 947500 瑞士法郎，这也是当事国支付费用的首次实践。

第三节　国际争端应对
——频发的领土·国境问题

参与处理的争端

1920年被移交国际联盟处理的争端约有30起，以下是其处理的主要争端。

从这些争端来看，可以概括出四个特征。

1. 向国际联盟提出要求解决争端与问题的以中小国家居多。
2. 第一次世界大战后新设定的国境问题是争端频发的领域，尤以与波兰相关的争端居多。
3. 阿尔巴尼亚、希腊、匈牙利等历史上民族构成复杂的东欧、巴尔干国家争端频发。
4. 欧洲国家相关问题占据了争端的绝大多数，同时拉丁美洲各国的争端也开始被提交给国际联盟。

在上述争端之中，从常任理事国意大利参与其中来看，科孚岛（Corfu）事件可谓是一个例外。该事件起源于在希腊领土内意大利将校被杀害事件。由于意大利曾谋划占领在当时拥有重要战略地位的科孚岛，因此其在事件之后向希腊提出了支付赔偿金的要求。希腊对此表示拒绝，意大利旋即派出舰队发动攻击，并于1923年8月末占领了希腊领有的科孚岛。

此时恰逢国际联盟理事会召开之际，希腊代表波利蒂斯向理事会提出了讨论该问题的要求。时任理事会主席石井菊次郎尝试解决该事件，但意大利提出该问题不应由国联理事会而是应由英法日意构成的大使会议处理。英法日意大使会议系为处理巴黎和会遗留问题而设立的大国间合议机关，在当时依然发挥着作用。但在9月4日召开的理事会上与会代表认为，如果国际联盟不能处理该问题，那么国际联盟的威信必将受到打击。作为妥协方案，由大使会议提出解决方案并提交国际联盟理事会。大使会议最终向理事会提出了规定希腊支付赔偿金等事项的解决方案。

理事会接受了该方案，但在国联大会上出现了批判大使会议而非理事会主导解决争端的现象。甚至有议论指出，如果出现大国轻视国际联盟倾向的话，那么《国联盟约》无异于“一纸空文”。虽然意大利最终撤出了科孚岛，但是该事件引发了关于涉及大国的争端与国际联盟问题的讨论。

另一方面，针对1925年10月至12月期间发生的希腊与保加利亚争端也出现了国际联盟成功主导解决的事例。希腊与保加利亚之间是一个国境争端频发的地区。10月19日争端爆发，希腊军越过国界，攻击深入远离国界十公里的内地城市。保加利亚于23日发电要求召开理事会。国际联盟召开了紧急理事会，但由于时任主席为法国代表白里安（Aristide Briand），因此会议不是在日内瓦而是在巴黎举行。

国联理事会要求两国立即停止军事行动，并将军队撤回各国境内。其后，英法意各自单独派出军事使节，以实地确认双方是否实际撤兵。为明确事件原因并提出解决方案，理事会决定派遣使节团。

12月7日，国联在常规会期召开的理事会上提交了解决方案。希腊被要求向保加利亚支付赔偿金，同时提议两国向国境线上派遣将校以监视动向。该争端是依据《国联盟约》使得争端得到迅速解决的事例。其能得以成功有几方面的原因。国联理事会在德拉蒙德的指挥下迅速召集，英法意三大国的应对实现了一致。此外，该争端是在洛迦诺会议之后爆发的，寻求欧洲协调的时代精神空前高涨也是其成功的原因。

表 2-4　国际联盟参与处理的争端（1920 年代）

年份	争　端
1920	波斯（伊朗）与苏联的争端，奥兰群岛问题，波兰・立陶宛争端
1921	玻利维亚・智利争端，哥斯达黎加・巴拿马争端，阿尔巴尼亚问题，上西里西亚问题
1922	东卡累利阿问题，保加利亚国境争端，奥地利・匈牙利国境争端，塞尔维亚・匈牙利国境问题，匈牙利・捷克斯洛伐克国境问题，关于突尼斯及摩洛哥的国籍裁决问题
1923	选择匈牙利国籍人士财产被罗马尼亚政府征用问题，东色雷斯的保加利亚居住民问题，波兰・捷克斯洛伐克国境问题，科孚岛事件，梅梅尔地位问题，在希腊的阿尔巴尼亚系伊斯兰教徒问题
1924	阿尔巴尼亚与塞尔维亚・克罗地亚・斯洛文尼亚王国国境问题，土耳其・伊拉克国境（摩苏尔）问题，希腊境内阿尔巴尼亚系伊斯兰教徒问题，阿尔巴尼亚政府依据《盟约》第 12 条及第 15 条提出申诉问题，希腊・土耳其住民交换问题
1925	君士坦丁堡流放基督教联合派问题，希腊・保加利亚争端
1926	希腊・土耳其国境（马其顿）问题
1927	选择匈牙利国籍人士问题，梅梅尔领土自治受到侵犯问题，波兰・立陶宛争端，萨拉米斯号（巡洋舰）问题
1928	在希腊阿尔巴尼亚系住民及阿尔巴尼亚财产问题，玻利维亚・巴拉圭争端

资料来源：作者依据 League of Nations，*Ten Years of World Co-operation* 制作。

少数民族保护问题

原本在欧洲居住着许多民族，但并不是所有的民族都拥有自己的国家，在德国、奥地利等国家一部分支配性民族统治着其他民族。但是第一次世界大战之后，德国的领土被缩小了，奥匈帝国也被肢解，新诞生了波兰、捷克斯洛伐克等独立国家，国界线发生了改变。在这些新兴国家内部，类似于德国人被置于波兰民族的统治之下的情况，产生了少数民族问题。关于该问题，英法等协约国早已有所预见。故此，在巴黎和会上，波兰、捷克斯洛伐克、希腊、罗马尼亚、南斯拉夫各国和协约国之间签订了关于保护少数民族的条约，此外，奥地利、匈牙利、土耳其、保加利亚在讲和条约中承诺了保护国内的少数民族。

国联理事会为确保这些（保护少数民族的）国际条约能够付诸实施，确立了少数民族相关问题可以提交理事会讨论的制度。1920 年代也的确有很多少数民族相关问题被提交国际联盟。对于提交的申请，国联理事会首先会任命委员（通称“三人委员会”）展开调查，如果为改善局势而需要采取一些必要措施的情况下，则会和当事国展开秘密交涉。国际联盟关于少数民族问题的应对举措逐渐获得了好评，波兰国内的德国人与乌克兰人、罗马尼亚国内的匈牙利人问题都被提交国际联盟。而负责少数民族问题的是秘书处的行政·少数民族部，其部长科尔班做出了杰出的贡献。

关于这些少数民族问题，例如，海外德国联盟之类的民间团体开展了十分活跃的运动。由民间团体主办的少数民族会议也每年召开，这些团体的活动也推动了国际舆论的关注。他们高举“人道与正义（humanity and justice）”的大旗，为了完善向国联申诉的权利以及推动理事会介入的制度化，向国联提出了设立永久的少数民族委员会的建议。1928 年，由各国国内支持国际联盟的民间团体国际联盟协会举办的国际会议得以召开。会上，上述少数民族会议的要求得到了讨论。

如上所述，在各界的努力之下，少数民族问题引起了普通大众的广泛关注，也有政府代表在国联大会上提及了少数民族问题。加拿大代表丹杜兰德（Raoul Dandurand）从其出任三人委员会委员的经验出发谈到调查很难获得信息，主张有必要进一步完善程序。其继续谈到，加拿大是一个多民族共同生活的国家，因此（加拿大）拟在 1928 年 12 月向理事会提出完善程序的提案。

上西里西亚问题

尤其是围绕波兰国内的德意志民族问题成为政治上重要的悬案。第一次世界大战之后，波兰领有的上西里西亚地区居住着许多德意志民族居民，其中很多都是有教养的地主、产业家等富裕阶层，组织化程度高，因此将该问题提交给了国联理事会。另一方面，德国领有的波兰民族住民则大多是农民阶层，既缺乏向国联理事会提交民族问题的专业知识，同时也没有多余的时间。

例如，1928 年 12 月的理事会上探讨了九件少数民族问题，其中有七件都是德意志民族住民提议的结果。波兰外交部长指责德意志民族住民是在滥用提议权，对此，德国外交部长施特雷泽曼予以了回击，使得问题陷入了纷争。而以极大耐心成功解决了该问题的则是下述的安达峰一郎。

表 2-5　上西里西亚相关年表

1919	巴黎和会上，确立归属问题由人民投票决定
1920	大使会议上，决定一部分地区（切申〈Cieszyn〉）由波兰和捷克斯洛伐克分割
1921. 3. 22	虽然实施了人民投票，但并未能成为划定国境线的决定性资料
1921. 8. 8	（~13）巴黎最高会议（关于国境线划定，英法未能达成一致）
1921. 8. 29	国联特别理事会，设置调查委员会（石井菊次郎主席）
1921. 10. 10	（~12）国联理事会，通过国境线划定方案
1921. 10. 20	大使会议，承认了理事会方案
1922. 5. 15	签订了《关于上西里西亚的德国波兰协定》（划定国境线），引发了少数民族问题
1926. 2	常设国际法院临时法庭（针对原德意志公司、特定的住民·财产的处分问题，德国胜诉），因此少数民族问题被提交理事会
1928. 12	国联理事会上，德国外交部长施特雷泽曼、波兰外交部长扎勒斯基（August Zaleski）就少数民族问题发生争论，少数民族问题政治化（安达峰一郎积极协调）
1929. 3	国联理事会上，讨论了关于修改少数民族问题解决框架问题（未得出结论）
1931. 1	扎勒斯基外交部长、德国外交部长尤利乌斯·库尔提乌斯（Julius Curtius）再次展开论战
1938. 9	慕尼黑会谈，决定捷克斯洛伐克领有的上西里西亚大部分由德国与波兰分割
1939. 9~	德国吞并波兰，并入德国
1945~	波兰领有

注：第一次世界大战之前，系德国领土，人口 200 万，其中 2/3 为波兰民族，1/3 为德意志民族。

此后，1929 年 3 月 3 日，德国和波兰之间围绕少数民族问题在国联理事会上展开激烈交锋。施特雷泽曼虽明知上西里西亚境内的德意志民族住民问题与德国国内抬头的民族主义密切相关，但并没有打算因民族问题与他国发生战争。但施特雷泽曼并不认为当时的国境线是不可变更的。

此时，英国驻国联代表张伯伦（Sir Austen Chamberlain）提出，关于在上西里西亚问题上国际联盟的作用，相比于各个国家单独介入交涉，国际联盟应当发挥“协调性指导”（friendly supervision）的作用（Francis P. Walters, *A History of the League of Nations*）。其进一步论述称，关于该问题（的处理模式），不应只局限于签订了上述少数民族保护协定的欧洲地区各缔约国，而是应当作为更加一般性课题向其他国家逐渐普及推广。

当时，少数民族保护被表述为“人道与正义”的问题，但也的确存在少数民族人权受到威胁的情况。如上所述，作为国际组织的国际联盟参与一国国内人权受到侵犯的处理成为战后处理“国际人权”问题的历史源头。另外，国联理事会的参与也孕育了国际机构“介入”的问题。

此外，两次世界大战期间的国际联盟并没有触及殖民地统治之下人民的权利平等性问题。然而，欧洲成员国将少数民族问题提请国联并认可国联的解决的做法，可谓开启了推动国际机构与人道问题制度化的先河。

英法对于裁军的期待

《国际联盟盟约》中存在要求缔约国裁减军备的条款（《国际联盟盟约》第八条）。第一次世界大战结束之后，以在 1921 年召开的华盛顿会议上缔结的《华盛顿海军条约》为标志，要求裁军的舆论在以和平运动团体为中心的民间高涨，其对于国际联盟（推动裁军）也寄予了很大的期望。

然而，关于裁减陆军的问题在各国之间就应当以何为对象推动裁军的问题发生了分歧。美国、英国、荷兰、芬兰、德国、西班牙、瑞典主张以可动员的军备为裁军对象。但阿根廷、比利时、捷克斯洛伐克、法国、意大利、日本、波兰、罗马尼亚、南斯拉夫则主张和平时期的战争准备也应当作为裁军对象。后者认为战争重视的不是开战时的动员能力，而是向战场持续投送军队的能力，亦即战争潜在能力，对于将可动员的战备与预备役区别对待的做法提出了疑问。

另外，关于海军裁军也存在分歧。主张削减总吨位数的国家认为应当在总吨位数范围内由各国自行决定在多大范围内削减什么种类的舰船。但是，反对该意见的国家则认为，应当按比例对不同种类的舰船（战舰、潜水艇、驱逐舰等）实施削减。

除了整体上呈现对立之外，掌控裁军走向的两大国英国与法国之间也出现了意见分歧。1927 年 3 月至 4 月国际联盟主办召开的裁军预备会议上讨论了英国方案与法国方案，并尝试寻求二者之间的妥协。英国的塞西尔方案提议区分陆军、海军、空军，对各个军种分别实施裁军。对于陆军裁军，提议将在战斗行为开始后一定期间内能够使用的军备作为裁军对象，但却没有明示该期间（的核定标准）。对于海军裁军，建议采纳华盛顿海军裁军会议中规定的种类划分，对共计 11 种舰船的吨位数实施削减。

法国方案则认为陆军、海军、空军三兵种之间是相互依赖的关系。关于陆军裁军，提议限定现役部队总数与军队服役期限，而现役总数是指战斗开始时能够动员的兵力，而对于海军裁军则认为应当不加区分舰船种类地限制总吨位数。然而在裁军预备会议上并未能消除英国与法国之间的这种分歧。

此外，该裁军预备会议上也讨论了核实裁军是否实际执行的方法的问题。国际联盟提出以刊发《裁军年鉴》的方式收集整理军备信息，但有意见认为委之各国之间相互信赖（good faith）便已足够，结果其未能实现。另外，1927 年 11 月的裁军预备会议上，非国联成员国但受到邀请参会的苏联代表马克西姆·李维诺夫（Maxim Litvinov）提议在 4 年内实施全面裁军，而中国则提议全面禁止征兵制等，各国提出了各种各样关于裁军的要求，讨论迟迟得不到进展。虽然裁军对于国际联盟而言是最为期待的课题，但相关成果却十分匮乏。

日内瓦和平议定书——根除战争之梦

在裁军没有取得太大进展的背景之下，各国开始担忧在裁军推进的情形下如何确保自身的安全，以及国际联盟提供的保障是否充分的问题。1922 年第三届大会上有意见指出，如果不存在切实保障本国安全的制度，那么裁军就难以实现。

基于对裁军与集体安全保障相互补充的考量，国际联盟开始推动集体安全保障的制度化发展，并于 1923 年在第四届国联大会上提出了《相互援助条约》草案。《国联盟约》并非禁止所有的战争，为了更加明确禁止战争行为，国联提出在发生侵略的情形下，应当明确对于被侵略国提供援助的义务。《相互援助条约》草案第一条规定，“缔约国庄严声明，侵略战争是国际犯罪”，第二条明文规定了对于被侵略国提供援助。《相互援助条约》的意义在于将侵略认定为国际犯罪，并尝试赋予其法律性的定义。

但是，1924 年 9 月的第五届国联大会上通过了重新考虑

《相互援助条约》的决议。因为许多成员国认为，《相互援助条约》提供的保障并不是为推进裁军而提出的明确保证，此外，还担心该条约草案未能实现与国际联盟的司法性侧面的有机结合。

在此背景下，1924 年 9 月末至 10 月初，国际联盟在综合来自各国的意见基础上展开了讨论。作为讨论的最终成果，《和平解决国际争端议定书》（日内瓦和平议定书）诞生，并于 1924 年 10 月 2 日在国际联盟大会上获得通过。

日内瓦和平议定书发展了《国际联盟》的原则，为集体安全保障赋予了重要的制裁措施的同时，作为取代战争的手段提议强化措施以和平的方式解决争端。具体而言，尝试从三个策略，即通过和平方式解决（外交、调停等手段）的义务、实现裁军、贯彻制裁来构建体系。日内瓦和平议定书包含了为实现根除战争需要的全面性努力的认识，在推进根除战争制度化的问题上意义深远。

日内瓦议定书虽获得了国际社会的好评，但最终却未能付诸实践。虽然有法国、意大利、比利时等共 14 个国家签署，但最终获得批准的只有捷克斯洛伐克。由于美国没有加盟国际联盟，英国担心实施制裁的责任会落到英国一国身上，对于签署态度消极。另外，如下所述，日本则是在起草过程阶段已然态度消极。

1920 年代《相互援助条约》与日内瓦议定书的挫折正昭示了大国对于强化防止战争框架的消极姿态。

常设国际法院的设置

正如日内瓦和平议定书所载，国际联盟尝试从三个层面考量争端的预防与解决。第一，裁军方面，尝试推进裁军以推动构建一个不利于战争发生的环境。第二，完善争端解决框架，仲裁裁判、国联理事会开展的调查与建议，以及制裁机能形成的政治性解决框架。第三，通过整备国际法并完善国际裁判制度，尝试构建以客观、公平的法律为基础解决（争端）的架构。

法律框架完善方面，1922 年 1 月 30 日，常设国际法院第一次会议在海牙召开。人事构成方面，由裁判长（1930 年 1 月 1 日当时，意大利人）、副裁判长（同上，瑞士人）、九名正法官（同上，西班牙人、意大利人、巴西人、古巴人、英国人、荷兰人、美国人、日本人、法国人）和四名副法官（同上，挪威人、罗马尼亚人、中国人、南斯拉夫人）构成。常设国际法院虽然是独立于国际联盟的机构，但由国联大会审议其预算，大会与理事会选任法官。

王宠惠（1881~1958 年） 民国时期法学家，常设国际法院法官（1931~1936 年）。

1922 年至 1929 年，常设国际法院共下达了 16 份判决书和 16 份意见书。针对上西里西亚地区德国的权益、比利时与中国的条约争端、法国与土耳其之间的罗特斯（Lotus）号事件以及国际劳工组织的管辖事项等出具了司法性判决。例如，法国认为，关于从事农业工作者的劳动条件问题国际劳工组织没有管辖权。对此，常设国际法院却判定国际劳工组织享有管辖权。

常设国际法院处理的问题限定在适宜通过法律方式加以解决的问题，因此很难说其对于两次世界大战期间的国际关系发挥了决定性的重要作用。然而其将固定的法律解决框架引入国际关系领域的做法获得了良好的评价。

在完善国际法院的同时，国际联盟也在努力推动国际法的法典化工作。当时的国际法已然存在根据习惯法与各国间条约等构成的成文法。然而，由于在许多领域存在无法可依以及各国引证不同法律的情况，国际联盟尝试召集国际法专家以系统完善国际法。新领域的法制整备工作也可谓是立法问题，需要各国的讨论并达成一致。

1930 年 3 月 13 日，国际法法典化会议在海牙召开。共有 47 个国家（包括美国、巴西、埃及、冰岛、墨西哥、摩纳哥、土耳其、苏联的 8 个国联非成员国）参会，会上讨论了国籍、领海、国家责任相关问题。国籍是事关国家政治性问题的复杂事项，经过会上的讨论，各国达成一致认可国家享有决定（本国）国籍的权利，此外各国之间还达成了几项协议。例如，缔结了《关于国籍抵触的条约》，该条约的前言部分规定每个个人有且应当仅有一个国籍。由此，对于历来被认为是国家排他性权利的领域开始认可了国际法干预的余地，并确立了消除无国籍以及双重国籍的方针。

在法治框架的完善方面，首次设立了常设的司法裁判机构，主持召开了法典化会议等，可以认为国际联盟取得了一定的成果。另外，《国联盟约》第十八条规定，各国有义务将其缔结的所有条约向国联秘书处备案，而为切实保障该条得到贯彻执行，国际联盟公开刊发了题名为《条约系列》的文书。该刊行物的发行使得许多条约都不再局限于当事国，也向其他国家公开，以此增加各国间法律关系的透明度。

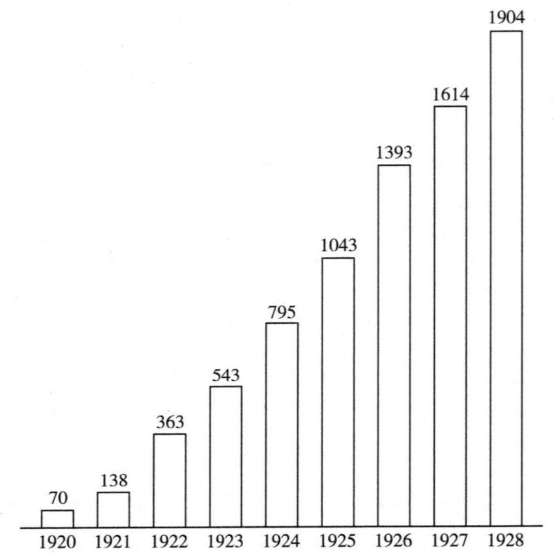

图 2-1 国际联盟条约备案数

说明：最初的条约备案时间为 1920 年 7 月 5 日。

资料来源：*The League of Nations*：*A Pictorial Survey*。

第四节 经济·社会·人道·文化领域的应对

奥地利的重建

第一次世界大战之后，陷入疲敝的各国经济问题对于国际联盟而言是其创设之初的巨大课题，其中以奥地利的状况为甚。

奥地利是一个以农业为中心的经济体制，全国 700 万人口中的 200 万居住在其国家中心地区城市维也纳。巴黎和会上确定了奥地利承担支付赔偿金的义务，由此导致第一次世界大战后奥地利陷入了慢性经济危机的困境，战争结束后的两三年间甚至出现了饿死人的情况。为此，国际社会给予了奥地利直接资金援助，1919 年至 1921 年期间，法英意美以及其他原中立国提供了 2500 万英镑的借款，另外还赠予了 1000 万英镑的慈善性捐助资金。然而这些资金援助并未能根本性地解决奥地利自身的问题，其经济重建问题最终被提交给了国联财政委员会处理。

财政委员会委员在长达 4 周的时间内访问了维也纳并展开实地调查，并据此向国际联盟提交了重建方案。1921 年 6 月，国联理事会认可了该重建政策，但由于该重建方案前提之一系由美国提供资金支持，而美国并未参加国际联盟，因此美国并未施以援手，奥地利重建方案未能付诸实施。之后奥地利通货暴跌，经济危机进一步恶化。1922 年 9 月，奥地利政府以接受国际联盟的统制管理为条件向国联理事会提出援助请求。

10 月，国际联盟组成了由英国、法国、意大利、捷克斯洛伐克与奥地利相关的国家构成的委员会。该委员会的文件中记载称，“尊重奥地利的领土完整与政治独立”，确认国联向奥地利派遣监督官员的目的在于提供建议与监督，而非干涉奥地利的内政。委员会认为，在过去的 3 年里奥地利通过政府与民间借款的方式得以为继，但其中大部分（款项）并未投入生产而是用于消费，奥地利的问题在于经济体制不健全。国际联盟任命荷兰人阿尔弗雷德 · 齐默尔曼（Alfred Zimmermann）为监督官，向奥地利提供了 2600 万英镑借款。由此，奥地利的通货下跌问题在 1925 年得到了控制，1926 年 1 月，国际联盟解除了对奥地利的统制。

以针对奥地利的财政援助为模板，国际联盟应各国之请求，参与了希腊、保加利亚的财政重建，并取得了一定的成果。

日内瓦经济会议

为推动各国间的通商贸易，国际联盟采取了一系列的举措，主要集中在如下领域：纠正不正当竞争、外国人以及外国企业待遇、撤销进出口限制、统一统计术语、保护免受外国人商人劣质商品侵害。然而在1920年代前半期尚未能取得太多具体成果。1922年4月至5月，由国际劳工组织与英国主办召开的热那亚会议上，有意见指出国际联盟有必要积极推动应对经济问题，然而最终并未能得以实现。

进入1920年代中期，为了寻求解决因战争带来的各国财政疲敝问题的途径，1925年的国联大会上决定了由国际联盟主办召开一般性经济会议。由此，1927年5月日内瓦经济会议召开，共有50个成员国与非成员国（美国、苏联）参会，汇集了数量众多的代表与专家。

日内瓦经济会议

日内瓦经济会议分通商、产业、农业 3 个部门展开讨论。

在通商委员会上，确认了有必要尽量减少通商壁垒并对于通商自由（明确意识到不是自由贸易〈free trade〉）表达了期望，发表了“抬高关税的时代结束了，未来是逆向〈消除关税〉发展的时代”的宣言。在此基础上，为实现该目标会议提出了从三方面推进的建议：第一，针对国家的国别政策；第二，以通商条约构建两国间关系；第三，国际联盟采取集体措施。

产业委员会上，以各国制造业领域的生产状况为中心展开了讨论，但该委员会与通商委员会不同，劳动者与雇佣者之间的对立关系趋于明朗化。依据《国际联盟十年史》的记载，同一个会场临近的房间里，出现了各国与各国之间的水平关系与各国国内雇佣者与劳动者之间的垂直关系并存的现象。这种现象是国际联盟的存在方式包含了各种各样势力的“明证”。另外，农业委员会上，明确了农业、产业、通商之间的相互依赖关系。

该会议上通过的决议中宣称，经济问题不仅是事关国家繁荣的问题，更是关系到世界和平的重要问题。可以说经济与和平的关系得到了明确的认识。

受到日内瓦经济会议的影响，1927 年 5 月，由意大利政府主办召开了关于禁止限制进出口的外交会议。然而却未能实现立马将消除障碍纳入现实政策之中。虽然各国普遍认识到经济问题对于维持各国间协调与和平十分重要，但由于美国高关税政策的存在，因而（在消除关税壁垒问题上）缺乏实质性成果。

难民问题

第一次世界大战、俄国革命以及饥馑问题引发了众多的难民潮，大多数的难民流入了德国、波兰、巴尔干各国、罗马尼亚、捷克斯洛伐克、南斯拉夫、奥地利、比利时、土耳其、中国等。此外，流入难民的国家同时也存在战后国家疲敝的问题，这也进一步加剧了混乱。

对于难民问题首先展开救济的是红十字国际委员会、红十字社团、美国救济组织、美国红十字会、国际儿童救援机构、俄国救济团体、犹太人殖民团体等诸多民间团体（NGO）。

1921年2月，红十字国际委员会向国际联盟建言称，国际联盟应当任命专门负责难民事务的事务官。同年8月，国际联盟召开了由10个相关国家与相关非政府组织代表构成的会议，任命由挪威人南森担任高级事务官。因北极探险而广为人知的南森作为观察员参加了巴黎和会，并自此积极活跃在战争俘虏归还母国问题以及苏联饥馑救济问题等领域，南森被认为是适当的人选。

在难民众多的雅典、贝尔格莱德、布加勒斯特、君士坦丁堡、伦敦、巴黎、里昂、维也纳、索菲亚设置了俄罗斯难民救济事务所。在救济过程中，例如，君士坦丁堡的2.5万名难民移居至美国、奥地利、比利时、保加利亚、捷克斯洛伐克、德国、匈牙利、南斯拉夫。

南森（1861~1930年）

1923年9月，在国联大会上南森报告称，目前已然引发了约17万俄罗斯难民、7.5万土耳其难民、16.6万希腊·亚美尼亚难民。对此，国际联盟以南森为中心推动了如下三方面的政策：第一，界定了难民的法律地位；第二，推动将难民归还俄国或斡旋在他国定居、就业；第三，协调正在开展的救济事业。1922 年、1924 年、1926 年、1928 年，国际联盟持续召开了关于难民问题的会议，讨论了向难民发行替代护照（被称之为“南森护照”）及其法律问题。其后，截止到 1929 年末，共有 51 个政府承认了南森护照（的合法性）。

对于接收国而言，难民问题是一个重要课题。例如，希腊接收的难民数达到了 150 万之多，在对难民展开保护、同化的同时，难民人口数也占到了希腊总人口数的 1/3～1/4（当时希腊人口总数约 500 万）。各种各样的救济机构提供了运送难民的交通手段并开展提供粮食等救济活动。另外，如下所述，国际联盟保健机构实行了预防接种以防止传染病在难民营传染等措施，在国际联盟、政府、民间团体的协作之下，救济事业得以推进。

为进一步解决难民问题，国际联盟设置了难民高级事务官事务所作为（处理难民问题的）核心机构，由此，各国政府、民间团体之间的相互协作变得更加有效。

传染病对策

战后欧洲充满了疲敝与混乱，1920 年至 1921 年，以东欧与苏联西部为中心爆发了斑疹伤寒与天花等传染病。受此状况影响，1923 年国联大会上设立了国际联盟卫生机构（LNHO）。制度安排层面，设置了卫生委员会作为该卫生机构的咨询委员会，其实际工作开展主要由国际联盟秘书处下属的保健部负责。

作为秘书处保健部长的波兰人医生卢德威克·拉西曼（Ludwik Rajchman）发挥了积极的领导作用，施行了各种各样的政策，取得了丰硕的成果。卫生问题可谓是国际联盟最为成

卢德威克·拉西曼
（1881~1965年）

功的领域。直至1939年，拉西曼的活动几乎贯穿了整个国际联盟的历史，在政策立项、资金筹措、与各国政府协调等各个层面为国际联盟的卫生事业做出了贡献。

卫生领域的事业以医学与科学为中心，要求具备极其高水平的专业素养，也正是因此，相比于其他政治领域的部署，可以说卫生领域得以保有独立性特征。此外，在财政方面，如表所示，有些项目获得了美国洛克菲勒财团的捐赠，这一点上其独立性也十分明显。

表2-6 卫生事业的活动资金

单位：瑞士法郎

年份	国联	财团	总计
1922	330823	—	330823
1923	604580	524407	1128987
1924	722567	628885	1351452
1925	813611	730520	1544131
1926	797477	656366	1453843
1929	948402	550666	1499068
1937	836025	295150	1131175

注：财团仅指洛克菲勒财团

资料来源：*International Secretariat*。

当初卫生事业之所以受到重视，主要在于尽早将相关信息向全世界通报，以防止传染病的蔓延。为此，发行了关于传染病信息的周报，将传染病可能扩散的信息事先予以通报。

此外，在专家的协助之下，关于疟疾、肺结核、癌症、汉森病的研究也得到了推动。

由于第一次世界大战造成的混乱，疟疾在俄国、巴尔干各国、波兰、意大利蔓延开来。在各地的实地调查发现，针对疟疾的特效药奎宁在当时过于昂贵，因此推动研究以寻求奎宁的替代药品。在此期间，调查发现医生关于疟疾的知识还不够充分，为此举办了讲授相关知识的讲习会。在洛克菲勒财团的财政资助下，共有 250 名医生得以参加讲习。另外，在欧洲对于疟疾关注高涨的同时，欧洲和美国关于疟疾的研究方向却存在差异。为此，1924 年成立的疟疾委员会举办了一次赴美的研修旅行。

经过上述一系列筹备工作，1928 年 6 月，召集来自美国与亚洲各国的专家召开的会议上，疟疾委员会向各国政府咨询了统一意见事宜。

保健部远东支部的设立

关于其他疾病的预防、治疗也取得了成果。例如，关于肺结核，确定了卡介苗（BCG）的有效性问题。而关于癌症，虽未能确定 X 射线疗法的有效性，但是却设立了关于放射治疗的委员会。该委员会汇集了来自巴黎的居里研究所、慕尼黑大学、斯德哥尔摩大学镭研究所等机构的专家，探讨了针对癌症的不同阶段采取什么样的统一疗法，以及如何推广治疗技术等问题。

另外，在卫生领域标准统一方面也做出了贡献。1927 年血型标准的确立是其中显著的成功案例。第一次世界大战中，围绕负伤士兵输血等问题，要求统一血型标准的呼声高涨。然而各国的血型标记方法、标准存在差异，由此引发了混乱。现在的 A 型、B 型、AB 型、O 型这一血型标准的确定正是国际联盟推动的结果。

此外，在亚洲地域也开展了活动。1922 年，卫生委员会中的日本代表提议，有必要收集远东地区的传染病信息。1925 年 2 月，远东卫生会议召开，会上决定在英国的海峡殖民地新加坡设立保健部远东支部。

在亚洲，日本霍乱与爪哇岛传染病的蔓延等迹象表明，相比于欧洲，亚洲地区传染病持续性蔓延的概率极高。新加坡支部的管辖范围涵盖东及巴拿马，北至符拉迪沃斯托克，西达苏伊士的广大区域，1930 年代初期，支部与 150 个据点之间建立了联系。各据点每周向新加坡支部报告因传染病死亡的人数，在有可能发生传染病蔓延的情形下，支部会向该区域传达要求施行紧急隔离政策的信息。为了降低信息传递成本并向尽可能广泛的地域传达信息，支部使用了特别的电信代码。

从 1930 年开始，实现了从爪哇岛的马拉巴鲁通过 600 长波的周波发送信息，在海上也实现了通过电波接收器获取信息。该新加坡支部自身也作为与日内瓦国联总部之间的中介性机构发挥重要作用。正是由于其努力，关于卫生问题的国际会议得以在新加坡、新德里、万隆召开。

防止人身买卖

女性与儿童人口买卖自古以来就是一个国际性问题，早在 1899 年就已经有民间团体召集国际会议，称得上是国际性非政府组织的妇女儿童人身买卖防止国际局（Bureau）也展开了活动。1904 年与 1910 年，法国政府召集了政府间会议，约定为防止妇女儿童人身买卖而采取措施的协定在与会国之间得以缔结。然而第一次世界大战之前的努力由于缔约国较少（而没有太大成果），国际社会期待国际联盟主导推动签订新的协定。1921 年相关协定（*International Convention for the Suppression of the Traffic in Women and Children*，——译者按）得以缔结，协定提高了承诺年龄（指可以结婚或进行性行为而不触犯法律的最低年龄，——译者按），同时也规定了在拒绝提供人口买卖信息情形下施以处罚的内容。1921 年协定到 1929 年共有 34 个国家加入。

此外，1924 年的国联第五届大会上分设了两个委员会进一步讨论妇女与儿童问题。其中一个委员会是关于妇女儿童的人身买卖问题，另一个是关于儿童保护问题。美国政府也派遣观察员参与该两个委员会，此外，也有许多非政府组织参加。例如，人身买卖委员会里面有女性保护国际天主教团体、国际女性团体、少女友好国际联合等，儿童保护委员会里面则有国际儿童福祉团体、红十字社、儿童救济国际联盟等派送代表参与讨论。此外，国际劳工组织与国际联盟卫生委员会也派代表参与了这些相关集会。

人身买卖委员会首先以向各国呼吁加入 1921 年协定及其践行为目的。人身买卖委员会的年度会议上会讨论各国政府的报告书以及国际劳工组织、非政府组织的报告书。各国国内法律的相关信息也得以收集。在讨论这些信息的基础上，进一步探讨相关非政府组织应当如何有效、合法地采取行动。

在美国代表的提案以及来自美国社会卫生团（美国的非政府组织）提供的 75000 美元资金援助的推动下，展开了关于人身买卖的实况调查。该调查的结果引起了极大的关注，其理清了被人身买卖的女性有哪些类型（职业卖淫女性、受到欺骗而被带走的一般女性等）及其买卖运转路线。

依据该报告书的内容，人身买卖的主要运转线路为从法国、德国等西欧各国以及东欧各国向拉丁美洲的阿根廷、巴西、墨西哥、巴拿马、乌拉圭以及北美地区运送，而亚历山大是重要的中转地。

该调查主要是以欧洲为中心展开，1929 年第十届大会上决定对其他地区展开同样的调查。对此，美国社会卫生团再次决定为调查提供 125000 美元的资金援助。美国虽然没有参加国际联盟，但美国政府以及从事卫生事业领域的民间团体持续地为卫生事业提供了资金援助。

取缔鸦片贸易

英国将鸦片销往中国并使其在中国社会蔓延开来，由此带来了巨大的社会问题，对此在欧美社会是广为人知的。为此，从第一次世界大战爆发之前开始，国际社会便已开始努力推动鸦片贸易的管制。而通过传教士活动认识到鸦片贸易问题的美国社会对该问题尤其关注。为此，美国政府于 1909 年在上海召集相关国家举办了国际会议，会议共有 13 个国家参加。另外，1912 年，同样是在美国政府的提议下在海牙召开了关于取缔鸦片的国际会议，并签订了关于鸦片问题的海牙条约［《国际鸦片公约》（*International Opium Convention*）—译者按］。依据海牙条约规定，鸦片的使用限于合法的且以医疗为目的的用途，鸦片的制造、贩卖必须以获得各国政府的许可为前提。

《国联盟约》第二十三条里面也加入了“鸦片”相关内容，

国联秘书处负责处理鸦片问题的主要职员

明确规定国联应当为管制鸦片采取措施，这一举措也表明当时国际社会对于鸦片问题的极大关注。

第一次世界大战刚刚结束之时，关于鸦片问题的关注主要以如何改善中国国内状况为主，而其后不久，违法药物问题（包括可卡因、吗啡、海洛因）不再限于中国、印度，在其他国家也成了引起巨大关注的问题。1924 年第五届大会上设立了鸦片以及其他危险药物买卖委员会，在四大国之外，该委员会成员还有奥地利、玻利维亚、中国、荷兰、埃及、德国、印度、墨西哥、波兰、葡萄牙、泰国、西班牙、瑞士、乌拉圭、南斯拉夫，非成员国美国以及三个民间团体也加入了该委员会。

1924 年 11 月至 1925 年 2 月，日内瓦鸦片会议召开，会上讨论了关于管制鸦片贸易的问题，翌年缔结了日内瓦鸦片条约（*International Convention relating to Dangerous Drugs*，——译者按）。

鸦片取缔的方式拟分两阶段展开。第一阶段以全面禁止吸食鸦片为目标，第二阶段则是禁止种植鸦片原料作物。然而，由于存在依靠鸦片生产与贸易谋利的国家，因此各个国家之间的利益难以实现平衡。美国与中国明确要求削减鸦片生产，但对于鸦片生产国以及在东亚拥有殖民地的国家而言鸦片是重要的财源。当时，德国是欧洲罂粟的生产据点，南斯拉夫国内罂粟的种植也非常繁盛。由于鸦片委员会上各国之间的争论趋于白热化，交织着激烈的言论，该委员会上的讨论与对立也引起了舆论关注。结果，谋求加强取缔鸦片生产的中国与美国发表了退出该会议的声明。

克劳迪（1884~1964年）
1949年至1931年任国际联盟鸦片贸易与社会问题部部长。

该鸦片委员会上，主张积极推动鸦片管制的是来自国联秘书处且系国联秘书处唯一一位身处高位的女性秘书处职员克劳迪。在克劳迪的主导之下，鸦片委员会收集了关于鸦片贸易实际状况的信息，结果显示事态之深刻远远超出了各国政府的预想。1927年至1929年期间，世界各地的违法贸易遭到了揭露，鸦片委员会还公布了瑞士、法国、德国、日本、荷兰（鸦片）相关从业者的信息。

在积极推动取缔鸦片的美国和意大利政府的努力之下，鸦片委员会的活动取得了进展，对于鸦片生产及其贸易的管制也逐步得到推进。1925年的日内瓦鸦片条约的批准国也达到了37个国家。为推动土耳其转变种植替代鸦片的作物，鸦片委员会特意派遣了调查委员会赴土耳其，其所需费用40000美元中的一半由上述美国社会卫生团捐赠。远东地区的鸦片问题在鸦片会议后也得到了改善，印度政府也一改以往的政策，削减了科学医疗用途以外的鸦片输出。

委任统治委员会

国际联盟在委任统治名义之下施行的政策乃基于高度发达文明国家引导、援助文明欠发达国家这一所谓“文明而神圣的托付”理念。该理念在推行帝国主义政策的国家里早已存在，然而在国际组织体系中以集体的方式实施尚属首次。具体而言，国际联盟将相关地域的统治委托给各个受托国管理，同时国际联盟设立委任统治委员会，以负责对各委任统治加以监督。

当时，欧美一些地区存在反对殖民统治的民间团体，其向委任统治委员会提出了在殖民地彻底禁止奴隶的要求。委任统治委员会是一个工作量极其浩繁的机构，除了每年固定的两次会议之外，需要审阅的资料堆积如山。委任统治委员会的委员任职方面，要求系非政府代表（军人、公务员除外，但是国立大学的教授符合要求）且以个人权限的方式参加该委员会。1929 年，来自挪威、德国、英国、法国、比利时、西班牙、葡萄牙、瑞士、荷兰、日本、意大利的委员参加了该委员会。在运行的过程中，每当委任统治委员会召开会议之时，当地的委任统治负责人都会赶赴日内瓦，这也逐渐形成了一项惯例。

会上针对委任统治的问询与回答都会予以公布。由于可以从受托国获得大量信息并予以公布，由此便可借助国际舆论的力量来改善受委任统治国的状况。委任统治受托国被课以诸多接受问询事项，受托国有义务予以回答。

以发达程度为标准，委任统治地区被分为甲、乙、丙三类。

针对最不发达的丙类被统治国家的问询被分为奴隶、劳动状况、武器贸易、酒精·麻醉药品贸易、思想自由、军事状况、经济状况、教育、公共卫生、土地关系、道德·社会·物质性福祉、财政、人口动态等事项，总共设计了约五十个问询事项。问询内容方面，例如，“关于推动原住民的基础教育采取了什么样的手段？该教育是否免费？”，“关于维护思想、宗教自由采取了什么样的手段？”之类的提问方式。而针对这些问询的报告义务本身也是国联间接性地针对委任统治的监督手段。

最初，大国对于委任统治委员会持批判性态度。因为大国对于委任统治委员会要求其提供信息并进而给予（委任统治）建议的实质性“介入”怀有抵触情绪。然而随着时间的推移，该委员会的意义及能力受到好评，虽然受托国有时依然会对委员会的干预有些抵触，但普遍都认为委员会的建议是十分稳妥的。相应地，虽然该委员会的正式权能是“纯粹性的建议”，但却发挥了间接性的影响力。事实上，1929 年 7 月召开的委任统治委员会上其就针对委任统治地区提出了整顿公共卫生的建议。

另外，受托国方面也并不是将委任统治地区与此前的殖民地区同等对待。英国的殖民统治机构便意识到了其受委任统治下的坦噶尼喀（Tanganyika，现今的坦桑尼亚）与直接统治的肯尼亚的差异。在奴隶制方面，英国在坦噶尼喀采取了更为严厉的措施。此外，在英国人拥有土地方面也如此。在坦噶尼喀，以 1937 年为顶点，英国人拥有土地共 115 万公顷，其中第一次世界大战之后新取得土地的面积为 40 万公顷，仅占全部领土的百分之一强。正如所列相关事例，历史学家迈克尔·卡尔汉（Michael D. Callhan）解释称，委任统治对于推动启蒙性帝国主义的发展有一定的意义。

知识交流

国际联盟创设之初，提议推动知识交流的是活跃在国际联盟盟约讨论委员会上的比利时人伊曼斯。其在巴黎和会上提出了构建“国际跨文化关系”（international intellectual cooperation，——译者按）的提案，然而却未获得赞同。但是，在第一届大会上，在比利时的拉封丹提议之下，国际联盟通过了关于促进以跨国界推动学术、文化交流为目的的知识交流的决议案。

在此背景下，国际智力合作委员会（International Committee on Intellectual Cooperation，ICIC——译者按）于 1922 年成立。该委员会挑取各领域的代表性知识分子出任委员，哲学领域的亨利·柏格森（Henri-Louis Bergson）、物理学领域的阿尔伯特·爱因斯坦（Albert Einstein）、居里夫人（Madame Curie）、希腊古典学领域的吉尔伯特·穆雷（Gilbert Murray）参加了该委员会，其他医学、生物学、历史、法学等领域也都有知识分子参加。

国际智力合作委员会受到了来自法国政府的全面资助，总部设在巴黎，并设立了国际智力合作研究所（International Institute of Intellectual Cooperation，IIIC——译者按）【第二次世界大战后的联合国教科文组织】。该国际智力合作研究所在制度层面上系独立于国际联盟活动，但其成员则是国际联盟下属的国际智力合作委员会的成员。另外，1923 年，为向知识分子提供救济，在中欧、东欧的 12 个国家诞生了智力合作国内委员会，截止到 1929 年这一数字增加到了 25 个国家。以 1926 年设立的美国智力合作国内委员会设置了常设秘书处为开端，其后各国效仿美国的做法，设置常设秘书处与全职事务员成为惯例并在各国间得到了普及。

国际智力合作委员会设立之初系为解决知识分子面临的问题开始的，但在其发展过程中，逐渐发展成为一个解决知识、文化性活动相关各类问题的综合性组织。

例如，关于图书馆问题，最初有方案提出设立一个囊括世界范围内所有文献收藏的图书馆。然而该方案缺乏实际可操作性，为此，经过代表现有主要图书馆的专家齐集一堂的讨论，认为推动各国图书馆更顺利地建立合作关系是更为有效的做法。1927 年，国际图书馆联盟（IFLA：International Federation of Library Associations）在罗马成立。与此类似，在博物馆领域的合作系统包括各国国内的统合性团体的方式推进合作机制，具体事务由国际博物馆事务处（IMO：International Museums Office）负责相关事业的推动。

历史教育

在制度性地整备合作体制的同时，也讨论了向各国国民教育和平重要性的方针政策。尤其是关于在各国如何讲授政治、历史的问题，从 1920 年代开始，国际联盟的国际智力合作委员会就对此展开了讨论。1923 年召开的国际智力合作委员会上通过了一项决议，其主旨为：为加深各国间的相互理解，大学不应当一味地讲授煽动敌对情绪之类的内容。委员会经过讨论认为，应当加深现有讲授国际关系的大学、组织之间的交流，为此 8 个国内委员会与 4 个国际组织齐聚一堂，于 1928 年、1929 年分别在柏林、伦敦召开了会议，讨论了促进信息、人员交流的问题。如何评估各国之间存在的教育水平的差异，以及对于希望在他国学习的学生应该采取何种措施等问题也得到了讨论。

此外，委员会认为，向青少年教育国际联盟的事业与精神也是很重要的课题。1923 年，依据英国驻国联代表艾迪斯·利特尔顿（Edith Lyttelton）女士的提议，大会通过了要求各国政府向各国儿童、青少年推广普及“国际联盟的本质、目标以及《国联盟约》精神”的决议案。具体政策的实施委之于国联信息部，同时国际联盟、官方教育机构、民间机构也予以协助，“通过教育实现和平”的尝试在国际联盟的参与策划基础上得以付诸实践。该问题被提交给了国际智力合作委员会，1927 年国际智力合作委员会提出了几项政策。其中之一是在日内瓦和巴黎设立教育相关的国联信息中心。出于教育相关信息共享的必要性，1928 年的大会上决定发行杂志《教育调查》（survey），另外还制作了面向教员的小册子《国际联盟的目标与组织》。

另外，国际智力合作委员会还讨论了国际联盟追求的国际协调与各国国别事项二者之间面临调和困难的问题。年轻的一代学习新时代的世界史并尊重和平固然重要，但也认为在讲授相关知识的时候注意不要引起与各国传统、精神之间的矛盾十分必要。有鉴于此，在会议的讨论中有观点认为，推广国际合作思想是一个极其微妙的问题，甚至比《国际联盟盟约》第十一条、第十五条体现的防止战争框架的实施更加困难。

截至 1930 年 1 月，国际智力合作委员会共计设立了 6 个小委员会，标志着在该领域的活动得到显著的发展。6 个小委员会承担的领域分别为各大学间的关系、科学与文献、艺术与文学、知识产权、面向青少年的国联宣传、教员交流。在相关事业的推动之下，在巴黎与日内瓦从事智力合作的专职职员达到了一百名左右，另外在世界上35个国家里设置了智力合作国内委员会。关于智力合作的这些事业虽然并非国际联盟最初构想方案中所设计的，但却取得了很好的发展。

宣传活动

伴随着国际联盟活动的展开，国联秘书处内设置的信息部也开始了“宣传”活动。而国际联盟从设立之初便重视向普通民众开展宣传的做法无疑也是受到了国际联盟构想是萌发于民间力量推动的影响。

1919年5月至7月，信息部确立了基本方针。1919年5月的备忘录中明确记载，“使其意识到讲和条约赋予国际联盟的明确责任与义务。将这些理念深入到人们的意识之中，方可理解国际联盟有别于海牙和平会议等咨询机构之处。”（League of Nations Archives）德拉蒙德秘书长也指出，总能在各种场合听到对于国际联盟寄予过高期待或者反之低估其意义等声音，我们应当意识到这都是对国际联盟认知不足所导致的结果。

有国际联盟支持者对国联信息部提出，国际联盟有必要发行宣传小册子。虽然民间制作发行的宣传册众多，但信息准确度欠佳，有的则是与特定的政治活动相关，为此期待（国际联盟）能发行官方正式宣传册。

此外，也制作了说明、介绍国际联盟活动的幻灯片。幻灯片也只有民间团体在制作，因此国际联盟在借鉴英国、美国国内民间制作作品的基础上制作了幻灯片。制作完成后，同时制定了通过幻灯片介绍国际联盟的配套讲义案。而实际的幻灯片发布会则是邀请美国国内支持国际联盟的民间团体的领导者来（负责）举办。

许多面向大众宣传介绍国际联盟的出版物都是用法英两种语言来制作，各国国内的国际联盟协会等团体也大多将这些出版物翻译成了本国文字。例如，第一次世界大战之后，关于由德国领有转变为自由都市的但泽问题的介绍有很多德语制作的宣传册，但却没有波兰语介绍的宣传册，而这被认为是不合时宜的。进入 1920 年代中期，在与上述国际智力合作委员会合作的基础上，关于介绍、说明国际联盟活动整体概况的书籍以及面向教员的小册子等资料得以制作完成。

民间团体访问信息部的新闻也有诸多报道。例如，1926 年 8 月，由各国中高等学校 70 名代表构成的国际团体访问了信息部。参加该团体的代表来自比利时、捷克斯洛伐克、法国、英国、拉脱维亚、波兰、罗马尼亚、塞尔维亚·克罗地亚·斯洛文尼亚王国、西班牙、瑞士、美国，其中也包含几名政府代表。另外，1926 年 1 月，在美国卡耐基和平财团资金援助之下，组建了以考察国联理事会议事为目的的专业研究国际关系的美国教授团。对此，美国国内支持国际联盟的人士特意向信息部提醒称，“教授们会针对国际联盟发表诸多评论”，希望国联方面能够仔细应对。这些事例表明了国际联盟与各国民间团体之间的关联，同时这也是将国际联盟的活动与理念普及并渗入各国民众（内心）的必要渠道。

第五节　1920 年代与国际联盟
——与美苏的关系

“日内瓦精神”

1926 年德国加盟国际联盟至 1931 年九一八事变爆发期间

被认为是国际联盟发展最为稳定的时期。国际联盟在行政层面发挥了推动成员国与成员国之间以及在一些领域里与非成员国政府之间沟通和联系的作用。当时，国际联盟做出的这些成绩被称之为“在行政领域的协调”。虽然在各国军事部门、外交机关领域国际联盟积极活动的范围有限，但是各国的专家对于来自国际联盟的请求，即便会增加其负担也极少拒绝国联提出的合作要求。

政治性事务层面，各国代表在讨论提交给国际联盟的问题之时，虽然在讨论之时会出现争论，有时甚至是对立，但也不乏集思广益达成妥协案的例子。这种对于合作的积极态度培育出了日内瓦气氛，亦即国际联盟营造出的氛围，而对于协调的积极态度在当时也被称之为“日内瓦精神”。理事会定期性地召开会议，特别是对于欧洲各国而言，这是开展“熟人外交”的绝佳舞台。

各国对于协调的积极态度有助于维持欧洲局势的相对稳定，而反过来欧洲局势的稳定又能够巩固国际联盟。1925年10月，洛迦诺会议召开，英国、法国、德国、意大利、比利时之间缔结了《洛迦诺公约》（Locarno Treaties，——译者按），规定维持德国西部的莱茵兰地区现状。此外，德国与比利时、法国、捷克斯洛伐克、波兰各国之间分别缔结了仲裁裁判条约，其中各国之间相互约定不得使用武力，应当和平解决争端。另外，法国与波兰、法国与捷克斯洛伐克之间签订了相互援助条约。这些条约的生效成为德国加盟国际联盟的前提条件，从这个意义上而言，国际联盟与欧洲的稳定之间是相互依赖的关系。

此外，国际联盟的制度性稳定也能从大使会议的终结中管窥一二。巴黎和会结束之后，美英法意日五大国组成了临时性会议组织“大使会议”，负责处理讲和会议相关事项。该会议实质上是一个大国间的协调机构，上述科孚岛事件爆发之时该会议也曾被召集。大国在国联大会及理事会的框架之外运行该机构。但是在1926年前后该会议寿终正寝，国联理事会取代了其职能。从中也能看出国际联盟正逐步成为国际关系中的重要组织。

然而这些并不意味着在1920年代里所有提交国际联盟讨论的重要事项都得到了适当的解决。美国最终未能加盟国际联盟，关于德国赔偿问题的道威斯计划（Dawes Plan）与杨格计划（Young Plan）都是在美国银行家主导之下，在国际联盟框架之外达成合意。法国以德国迟延支付赔偿金为由出兵占领鲁尔地区的事件也未能在国际联盟会议上得到讨论。上述确保欧洲地域性安全的洛迦诺会议也并不是国际联盟直接主办召开的。

与美国的关系

作为非成员国，美国对于国际联盟的态度可谓“行政层面上合作，政治层面不参与”。1920年总统选举中，共和党的沃伦·哈定（Warren Harding）战胜民主党候选人，于1921年获得政权后，1923年卡尔文·柯立芝（Calvin Coolidge）、1929年赫伯特·胡佛（Herbert Hoover）延续了共和党政权。共和党政权对于国际联盟持消极态度，视国际联盟为主要处理欧洲问题的机构，倾向于认为西半球以及亚洲问题应当在国际联盟框架之外加以解决。1921年至1922年的华盛顿会议也并非国际联盟而是美国主导召开的。另外，1926年发生的尼加拉瓜与墨西哥之间的争端也是在国际联盟框架之外探讨解决的。

此外，美国向专家委员会派驻了许多政府代表，逐渐构筑起了与国际联盟之间的合作关系。特别是围绕交通运输、卫生、鸦片问题、智力合作、国际法法典化、女性儿童保护领域双方的合作关系尤其明显。此外，美国政府也向鸦片会议、国际法法典化会议、日内瓦经济会议、裁军预备会议派遣了政府代表。

另外，美国的民间团体洛克菲勒财团向国际联盟提供了大量的财政资助。例如，1927 年，洛克菲勒二世为国联图书馆建设捐赠两百万美元，如上所述，美国社会卫生团为实施女性儿童人身买卖调查提供了资金。

在美国人个人层面上，哥伦比亚大学教授约翰·贝瑟特·摩尔（John Bassett Moore）曾出任常设国际法院法官，诺曼·戴维斯（Norman Davis）曾出任梅梅尔问题委员会委员长。

国联秘书处内部也有美国人职员任职。1930 年，在秘书处全体职员 658 人之中有 34 名是美国人。国联信息部的美国人职员亚瑟·斯威彻尔（Arthur Sweetser）不仅无私地投入到国联宣传事业之中，还与美国民间团体及关注国联的人物维持稳定的联络，为信息部的预算从美国籍捐赠人士处争取到了 25000 瑞士法郎的资助。美国购入了许多国联相关的出版物，其中也包含宣传类出版物。甚至有报道指出，某些宣传类出版物在刚刚制作完成之时来自美国的大批量订单随即而至，以至于几乎没有什么剩余。而在美国购入这些出版物的正是支持国际联盟的活动团体。

如上所述，美国虽然并非国际联盟成员国，但在一些领域美国政府与国联实现了合作。此外，美国的民间团体也通过广泛地从事财政性支援、向国民宣传国际联盟活动的方式对国际联盟给予了支持。

来自苏联的非难

经历了 1917 年俄国革命之后，1922 年人类历史上首个社会主义国家苏联成立。早在国际联盟创设之初，苏联就批判国际联盟是代表资本主义各国（利益）的反共产主义团体。出于担心国际联盟的势力愈发强大，对于德国加盟国际联盟苏联表示了反对。土耳其在尝试加盟国联之际，苏联也展开宣传活动反对其加盟。特别是为弱化规定给予侵略国以制裁的《国联盟约》第十六条的效力，苏联展开了外交攻关。为此，在与德国探讨缔结和平条约之时，苏联提议加入约定相互经济制裁无效的条款，但德国予以了拒绝。

1927 年前后，上述苏联反对国际联盟的政策开始出现了变化。该年，苏联国内托洛茨基派遭到流放，同时英国如果断绝与苏联外交关系的话，苏联国内出现了担忧陷入国际孤立的观点。另外，进入 1920 年代后半段，国际联盟的发展日益明朗，其国际影响力已变得不可忽视，由此，苏联国内也出现了加盟国际联盟的声音。

李维诺夫（1876～1951 年） 苏联外交官、历任苏联外交部长、驻美大使等职。

在苏联批判国际联盟为反共产主义团体的背景下，苏联与瑞士的关系也不容乐观。本就有着强烈反共意识的瑞士其反苏情绪愈发高涨，新闻舆论也充满了反苏论调。在此背景下，苏联难以向外界表达其加盟国联的意向。作为例外，国联卫生委员会批准了苏联医师参加的申请。然而，随着 1927 年 4 月苏联与瑞士之间达成协定，5 月苏联便参加了日内瓦经济会议。1927 年 12 月，苏联代表李维诺夫出席了裁军预备会议等，苏联对于国联逐渐表现出了合作的姿态。

对其他成员国而言，国际联盟是一个可以和苏联接触的场合。苏联在参与国联讨论之时由李维诺夫出任代表。其演讲虽比较难以理解，但其理论论述十分优秀。李维诺夫总是喜欢即兴加入讨论，但对其言论无论是敌是友都心悦诚服。虽然最初其言辞颇为尖刻且严厉，但逐步地其态度也变得柔和。前述的沃尔特兹回忆称，在国际联盟舞台上李维诺夫是一个值得记住的政治家。当然，李维诺夫个人的表现不可与苏联国家的外交等同视之，但国际联盟这一多国间会议的场合为苏联政治家的活跃提供了一个舞台。

支持团体的扩大

国际联盟设立之初其内部便认识到与各国民间团体保持密切交流非常重要。1921 年 9 月，英国的塞西尔子爵提议称，民间团体对于将国际联盟的活动在各国国民中推广和普及意义重大。

国际联盟构想诞生于民间，第一次世界大战之后各国国内的和平运动得到了蓬勃发展，相应地各国国内也设立了宣传和普及国际联盟活动及其理念的相关团体。民间支持国际联盟运动发展最为迅猛的是英国，该运动的主导团体“国际联盟联合”（League of Nations Union）不仅与教会、学校合作推广和普及国联相关知识，还开展了关于 1924 年的日内瓦和平议定书向政府游说支持国际联盟的运动。该团体刊发了题名为《前进》（Headway）的机关报，其鼎盛时期会员规模超过了 10 万。研究英国国际联盟联合的历史学家伯恩（Donald S. Birn）评价称，该运动提供了一个学习和认知国际关系概况及其相互依赖关系的机会。

美国虽非国际联盟的成员国，但其国内也存在由民间团体发起的国联运动。1923 年 1 月设立的“非党派国际联盟团体”

(League of Nations Non-Partisan Association) 继承了强制和平联盟的活动。除此之外也存在其他类似的团体开展活动，其中许多都是与英国关系密切的团体，且大多是奉行精英主义。正是通过这些团体的活动及其出版物，美国国民得以大幅度提升其关于世界的知识。

另外，从国联信息部获得的诸多信息表明，上述类似民间团体的活动并不限于英美两国。例如，在捷克斯洛伐克组建了“国际联盟学生团体”（Association of Czechoslovak Students for the League of Nations），学生们利用假期的时间分配任务从事关于国联的启蒙活动。与该团体取得联络的国联信息部职员写道，“国联并非抽象的理念，对他们的国家而言是一项有着重要意义的制度。”（League of Nations Archives）如下所述，日本国内也设立了国际联盟协会，并在全国各地开展启蒙活动。

深化对于国际联盟的理解并通过国联的活动学习国际问题的民间团体在不同的国家其活动规模等存在差异。为推动民间团体在各国活动的相互协作，在布鲁塞尔设立总部统辖各国团体的构想引发了（国联的）极大兴趣。为此，1921 年由 20 个国家参加，1924 年发展到 35 个国家参加的国际联盟协会世界会议相继召开。

国联信息部宣传活动与各国国内支持国际联盟的运动遥相呼应，可以说为推动理解、认知国际联盟乃至于世界局势及国际关系发挥了启蒙性作用。

对于国际联盟而言，1920 年代是其发展与稳定的时代。组织基础得到了巩固和完善，成员国得以增加，为解决难民以及传染病问题做出了贡献，推动了国际争端解决。国际联盟编纂的《国际联盟十年史》（1930 年）中自问道，“试想十年之前谁能想到国际联盟成长如此之迅速?”，并对国际联盟的意义做出了如下高度评价。

> 国际联盟坚信如果能够实现预防争端这一最低限度的功能，便能构筑起安定的国际关系体系的基础。然而事与愿违，在其认识到战争与争端并没有直接的关系之后，转而积极推进国际协调，希望借此实现稳固的和平。(League of Nations, *Ten Years of World Co-operation*)

与国际联盟设立之初的预想不同，国际联盟在自身活动开展的过程中逐步认识到和平的构筑并非止于防止国家间战争，而是包含关乎人身买卖、难民、鸦片、智力合作等问题的综合性课题。

第三章　国际联盟与日本

——作为外交大国的可能性

在国际联盟创设过程中日本并没有展现出积极姿态，在巴黎和会上更是被谑称为“沉默的伙伴”（silent partner）。然而在国际联盟正式开展活动之后，作为常任理事国的日本却展现出积极合作的态度。此外，国际联盟也对于亚洲大国日本寄予厚望。在美国拒绝参加国际联盟以及国际联盟欧洲中心主义批判的背景下，作为欧洲之外的常任理事国日本的存在感及其合作显得尤为重要。

相比于英、法、意其他常任理事国，不可否认日本在地理位置、语言方面处于明显不利的局面。国际联盟步入正轨后，在国联大会、理事会召开之时，各国首相、外交部长大多会云集日内瓦，而日本由于距离、经费原因则不可能像欧洲国家那样悉数频繁出席。然而正如下所述，日本向国际联盟派出了石井菊次郎、安达峰一郎、杉村阳太郎、佐藤尚武这样国际化程度颇高的外交官，此外新渡户稻造也于 1919 年国际联盟创设之初便出任副秘书长，如此种种，日本外交官在日内瓦舞台上十分活跃。

第一节　合作关系的摸索

参与欧洲问题

日本深度参与了国际联盟初期的重要课题——上西里西亚

问题。如第二章所述，上西里西亚系地处波兰与德国之间，面积与日本四国相当，人口约200万的地区。该地区产煤量极高，在巴黎和会上围绕其领土归属问题引发了争论，最后决定交由英法意三国组成的最高会议做出最终裁决。

最高会议系在巴黎和会上英美法意四大国构成的议事机构，主要用于讨论巴黎和会之后至1923年之间留下的各类未决事项。在该最高会议上，意在削弱德国的法国主张上西里西亚应当归属波兰，而着力推动德国复兴的英国则主张应当将其并入德国，英法之间存在的严重分歧使得该问题一直悬而未决。尤其是工业地区的归属乃直接关系到德国赔偿能力的重要问题，处理不好极有可能产生第二个阿尔萨斯·洛林地区（德法之间存在严重领土争端的地区）。

最高会议于1921年8月8日至13日讨论了该问题，最终却未能就解决方案达成一致。此后，英法就将该问题提交国际联盟裁决达成合意，1921年8月29日国际联盟召开特别理事会，就解决方案展开讨论。

时任国际联盟理事会主席正是石井菊次郎。因此，石井顺理成章地出任了特别理事会主席一职。一般而言，由谁出任"报告人"（reporter、rapporter，话事人、主席的含义更浓厚）对于委托给理事会的案件而言至关重要。因为"报告人"的信息收集与协调能力直接决定讨论的基本方向。特别理事会主席石井就成了这样的报告人。

来自比利时、西班牙、巴西、中国的4名代表，加上铁路专家与实业领域2名专家代表，组成了讨论该事项的调查委员会。该调查委员会制定了国境分割线的建议方案，国联理事会于10月10日确定了该分割方案。此后，该建议方案被送交大使会议，在大使会议上由英法日意四大国协商确定解决方案。亦即，国联理事会虽然制定了第三方性质的建议方案，但最终决定还需由大国构成的大使会议做出。

10 月 20 日召开的大使会议上，依据国联理事会方案就德国与波兰之间的国境线达成了一致。翌年 1922 年 5 月 15 日，德国与波兰签署了关于上西里西亚地区的协定。

围绕上西里西亚问题进行的国境线划分标志着国际联盟设立当初便取得了巨大价值成果。在英法利害关系不一致且最高会议也未能妥善处理的问题上通过委诸国际联盟而最终获得了解决。历史学家滨口学评价称，在此问题解决过程中，通过欧洲之外的大国代表以第三者的立场提出解决方案，石井作为理事会主席发挥了至关重要的作用。于日本而言也是其在国际联盟内学习如何以大国姿态行动最初的良机，同时也唤起了日本参与欧洲事务问题的自觉性。以上西里西亚领土问题为契机，日本政府完成了整合其国联外交的基本阵容。

但是关于上西里西亚问题正如第二章所述，1920 年代末期，在新划定的国境线内又发生了少数民族问题。日本也被邀请参与解决该问题。

当时，杉村阳太郎接替新渡户于 1927 年出任国际联盟副秘书长兼政治部长。某日，杉村为德拉蒙德总长所召见，接受了国际联盟方面的提案。该提案希望把关于欧洲的两大问题，亦即但泽自由市和少数民族问题之中的少数民族问题交由日本负责处理。杉村为获得国际社会承认日本作为国际联盟大国的地位，“断然决定”接受负责处理少数民族问题。

国联理事会涉及少数民族问题相关案件众多，德拉蒙德寄期望于没有直接利害关系的日本能够从公平而中立的立场出发解决问题。

宫岛干之助的多次建言

保健卫生部门被认为是当时国际联盟行政部门中成果最为显著的部门，而任职保健委员会委员的宫岛干之助尤其活跃。

宫岛本系庆应义塾大学医学部教授，由日本政府派遣至国联保健机构。宫岛在 1921 年 5 月的国联保健委员会上做了关于西伯利亚地区肺炎流行的报告。次年 1922 年 5 月的委员会上，宫岛再次指出远东地区的卫生状态正在恶化，霍乱以及害虫盛行，建议国际联盟应当派遣调查委员会。同年 8 月，宫岛不惜第三次建言，指出远东地区疫情蔓延，主张派遣调查团前往，认为调查团不仅能够收集到真实信息，同时对于当地的教育推进也颇有意义。

在宫岛的多次建言之下，国联秘书处保健部派遣了诺曼·怀特（Norman White）博士前往远东地区。怀特于 1922 年 11 月 3 日从法国出发，翌年 7 月 29 日回到法国，其间在加尔各答、曼谷、西贡（现胡志明市），以及中国香港、上海等地展开了调查。怀特来到日本之时，宫岛也陪同调查。回到国联后，怀特建议在远东地区设立防止疫情的国联保健机构支部，这就是其后不久设立的新加坡传染病信息局的由来。

此外，1925 年 10 月，国际联盟主办的卫生技术官员交换会议在东京召开。中国、泰国、苏联、澳大利亚、印度、新西兰、新加坡、马来西亚联邦、荷属东印度、法属印支派遣了医务当局代表参会，国联秘书处则派出保健部的拉西曼与秘书长代理约瑟夫·威尔逊（Joseph Wilson）访问日本。会议挑取日本与朝鲜、“满洲”、关东州的主要城市作为对象，就卫生制度与设施的视察、卫生行政事项举行了听证会。

拉西曼就此次访日经验在杂志《国际知识》（1926年6月号）上发表了题为“吾之日本印象记：令人震惊的卫生设备的先进”的文章。他首先提到了日方为此次视察旅行所做的详细、周到的准备工作，并表达了谢意，称“此次日方的欢迎礼仪即便是给予政府高官或大使也是非常罕见的”。另外，关于日本的卫生状况问题，其文中写道，作为保健卫生事业基础的出生死亡与人口动态相关记录日方整理得非常完备，日本国民则是“尤其注重清洁”，“每日傍晚洗温水浴已成为国民的日常生活习惯，这在世界范围内都是绝无仅有的”。

同时，拉西曼还就视察朝鲜与“满洲”感触写道，“朝鲜与‘南满洲’铁道会社的公众卫生设施是日本近代卫生技术官员能够不受限制地获得巨额资金拨付才得以取得巨大成果的代表性实例”，报告了资金供给的丰富程度及其成果。他进一步写道，尤其是“满铁”最近在大连建设完成了“空前的极其壮丽、先进的医院”，其防疫设施十分完备。拉西曼认为，该设施上投入的巨额资金必定会带来远东地区国际鼠疫研究的飞速发展。（正如拉西曼的预言，日本地区在“满洲”取得了鼠疫研究的突破，但该成果却被日军在中日战争中当作细菌武器使用。）

拉西曼不仅关注卫生问题，同时也积极参与一般性国际联盟活动。其曾在国际联盟协会主办的和平纪念日上面对3000名观众发表演讲，此外也向东京帝国大学法学部、明治大学的学生多次发表演讲。

在该卫生技术官员交换会议上，日本的医学以及保健领域的发展状况给国际社会留下了深刻印象。因此，国际联盟深感有必要进一步加深与作为亚洲据点的日本之间的联络，并专门设立了联络委员会，由国联保健委员会委员宫岛干之助出任委员长。国际联盟设立的奖学金制度也开始适用于日本人，来自日本的医学相关人员通过该奖学金得以赴欧学习、交流。

在上述保健领域日本与国际联盟的合作在1920年代取得了巨大进展，即便日本于1933年退出了国际联盟，但依然继续参与国联保健部门的活动，并持续支付日方应当承担的分担费用。

鸦片问题上的强烈批判

如前章所述，鸦片问题，尤其是中国国内的吸食鸦片问题引起了国际社会的关注，国际联盟也开始将该问题提上日程。国联鸦片委员会由荷兰、英国、法国、印度、日本、中国、泰国、葡萄牙等相关国家构成，日本最初也参与讨论。该委员会上，关于日本问题引起关注的是以鸦片为原料制成的吗啡、可卡因的走私贸易。日本从印度、土耳其进口的鸦片在中国台湾与日本被加工成吗啡、可卡因，再向他国出口，此外，从英美进口的吗啡也大量经由日本出口转卖给中国。虽然这已是国际社会皆知的事实，但日本从未正式公开承认。事实上，在印度被没收的走私可卡因制品中以日本制品居多。

在鸦片委员会上日本代表的初期应对十分被动。例如，虽然鸦片委员会向日本提出了出任鸦片委员会委员长或副委员长职务的要求，却不止一次地遭到了拒绝。此外，第二次鸦片委员会（1922年4月）上，英国代表提出质疑称，日方进口的鸦片严重超过了日本本国领土内需要的额度。

日本国内也出现了要求管制向亚洲出口鸦片的声音。然而，由于日本国内及其占领的台湾地区并没有开放吸食鸦片，日本自然也就对该问题不甚关心。此外，由于走私贸易的特性，日本政府也难以把控其实际状况。另外，日本政府出于对制药业发展需要的考量，针对防止可卡因、吗啡的非正常输出并没有迅速采取应对措施。

另外，欧美人士以及国际舆论对于鸦片问题极为关注。宗教团体以及妇女运动团体也旁听了 1924 年召开的鸦片会议，威尔逊总统的遗孀也旁听了 1925 年召开的第六届大会。

鸦片会议上日本受到了谴责，出席该会议的日方代表佐藤尚武也向日本政府提出应当关注鸦片问题。然而，佐藤本人在日本国内却被指责为“崇洋媚外”。佐藤回忆称，非常遗憾作为常任理事国的日本由于从事走私贸易而遭受非难，在出席鸦片会议期间甚感愁闷。历史学者后藤春美指出，佐藤的意见未能传达到日本外务省以及内务省，日本没有认识到鸦片问题是事关国家“尊严”的问题。

国际联盟中的鸦片问题是以日本作为当事国的社会人道问题，与日本在国际社会上做出贡献的保健问题不同，这是日本的政策、惯例在国际会议上饱受批判的事例。

“日本事件”

正如前章所述，国际联盟尝试进一步推动强化《国联盟约》中关于防止争端体系的规定。作为其成果，1924 年 9 月的国联大会上，“和平解决国际争端议定书”（日内瓦和平议定书）获得通过。

在日内瓦和平议定书起草过程中，关于是否应当明确规定各国有义务（应诉义务）将所有国际争端委之国际联盟的问题存在巨大争议。大国之间反对的声音颇多，英国、意大利也表示反对。日本一贯反对将争端提交国际联盟，关于该问题日本提交了被称为“日本事件”的修正案。国际联盟编撰的《国际联盟十年史》中也有关于日本代表团提交修正案的明确记载。该事件在当时引起了巨大争论。

《国联盟约》第十五条第八项规定，事发争端若是属于当事国国内管辖权的问题，国联理事会不得干预。但是日内瓦议定书第六条却规定，即便争端属于国内管辖权问题，率先发动攻击的国家也得被认定为侵略国。

日本担心，若日内瓦议定书被通过，那么当日美围绕移民问题引发争端之时，有可能对日本不利。因为一旦美国主张日美移民问题属于国内管辖权问题，若国联理事会认可了美国的主张，那么理事会便不会采取任何行动。但若依据日内瓦议定书之规定，此种场合下率先发动攻击的国家会被认定为侵略国，而侵略国会成为被制裁的对象。

因此，日本提出的修正案建议称，即便是属于国内管辖的问题理事会也有义务提出争端解决的处理方案。上述日本修正案无疑是强化理事会义务的产物。然而国际联盟以及欧美各国却认为，鉴于日本向来反对强化国际联盟争端解决框架，日本一改一贯立场提出的修正案存在故意混淆视听的嫌疑。由于此事件带来了巨大的混乱，日本修正案的提出也被称为“日本事件”。

围绕日内瓦和平议定书的会议临近结束之际，提出了修正案的安达峰一郎在其撰写的题为“10 月 18 日之所感”一文中吐露了其当时的心境。其中写道，虽然由于“盲从的群体心理”（海野芳郎《国际联盟与日本》）作祟日本遭到了非难，但日本的立场才是真正正确理解了《国联盟约》之精神。

安达的主张未必就是错的。日内瓦议定书由于十分重视防止战争，因此规定无论关于什么问题率先发动攻击的国家都会被认定为侵略国。然而，《国联盟约》却规定国内问题并不属于国际联盟管辖，两大法律框架之间存在着矛盾。正是由于日内瓦议定书并没有论及关于国内管辖权问题上国联理事会的应对问题，因此，安达提出的问题正是触及了其本质。但是，由于当时日本政府对于日内瓦议定书的通过持消极态度，安达提出的修正案也自然会被认为是日方战术性应对的产物。

正如前章所述，日内瓦和平议定书最终未能生效。由于英国、法国等其他大国都十分消极，因此也不能全然归责于日本。但是从日本修正案被称为“日本事件”来看，其使得议定书讨论的最终阶段陷入了混乱，由此可见日本也是导致其未能生效的因素之一。

对于战争规制的消极态度

虽然日内瓦议定书最终未能生效，但防止战争的期望在欧美各国间依然十分强烈。美国国内，以推动国际法上确立战争违法为目标的“战争违法化”运动日渐高涨。此外，法国出于对通过和美国之间缔结互不侵犯条约的方式来强化本国安全的考量，于 1928 年正式向美国提出签订条约要求。美国政府为了回应舆论的期待，提议将法国提出的美法互不侵犯条约扩展为多国参与的多边条约。结果，放弃以战争作为推行国家政策工具的《非战公约》（Kellogg-Briand Pact——译者按）于 1928 年 8 月在 15 个国家之间缔结。该《非战公约》签约国之后扩大到 60 个国家，成为当时几乎所有国家都参与缔结的条约。

由于《非战公约》的缔结，《国联盟约》修改问题开始提上日程。由于《非战公约》禁止一切战争，而《国联盟约》并不是禁止所有的战争。为消除二者之间的矛盾，修改《盟约》变得十分必要。

但是日本政府最初对于修改《盟约》持消极态度。日本在《非战公约》缔结交涉之时便对于禁止战争的国际性努力不甚积极。其原因在于，对于当时的日本而言战争被认为是其推行国家政策的重要手段。日本政府担心，在讨论《非战公约》与《国联盟约》的吻合性过程中会探讨“关于国策的战争”以及自卫权的问题，并最终将其明确化。由于《非战公约》并未明文规定出于自卫权行使武力的问题，因此在当时引起了争论。

日本外务省方面做出了周全的应对。在与陆海军当局联络的同时，指令派驻国际联盟的日本外交官伊藤述史撰写了唤起国际舆论的法语论文。1930 年 7 月发表的伊藤的论文中宣称，不需要修改《国联盟约》，维持二者的现状能够发挥双重保障的作用。

另外，同时期在国际联盟内讨论的《被侵略国财政援助条约》与《战争防止条约》问题上日本同样态度消极。这些条约的意图都在于尝试着强化在国际联盟主导下防止战争。驻国际联盟全权大使泽田节藏向外务省报告指出，作为常任理事国只有日本没有在《被侵略国财政援助条约》上署名，这引起了各方面的极大关注。此外，1931 年 3 月 10 日，泽田在发给外务省的电报中提到，在该条约草案起草过程中，“本官在秘书处内受到各种指责”（外交史料馆“国际联盟战争防止条约问题一件”），且英国以及国联秘书处都表达了对日本的疑惑。

如上所述，日本在挑起九一八事变之前，从其在国际联盟内对于强化战争规制的国际体系态度消极上也能管窥其未来政策的大致走向。

柳田国男的理想与南洋群岛的现实

日本在国际联盟创设的同时，以委任统治的方式受托管理赤道以北的南洋群岛。作为受托国的日本向委任统治委员会派遣了代表，但并未能在该委员会上取得十分明显的成果。

由于委任统治委员会的成员要求系非政府代表的民间人士，柳田国男（1921～1924 年在任）成了日本最初的代表。此后，山中千之（1924～1927 年）、鲑延信道（1928～1938 年，在日本退出国际联盟之后依然出席了该委员会）先后成为继任代表。

任命柳田出任委任统治委员会委员系由于新渡户的举荐。新渡户与柳田共同创立了被称为“乡土会”的研究会，二人系旧交故知关系。当时，由于日本与欧洲之间的往返不仅耗时颇多，同时费用也颇为高昂，因此柳田在每届委员会召开的间隔期内游历了欧洲各地的大学、美术馆等。

在委任统治委员会上，柳田发言称应当尊重委任统治地区居民的固有文化。柳田对于传教士向原住民推行的教育以及灌输爱国歌曲与天皇（思想）态度消极。在该问题上其主张明显区别于欧美殖民地主义，也不同于日本的方针。柳田在出席委任统治委员会之时，日本的南洋群岛统治方针尚未明确。然而此后日本逐步开始推行积极的同化政策。

如前章所述，国联委任统治委员会重视从受托国获取大量的信息，因此，受托国提交的《统治年报》十分重要。日本于 1920 年始刊行的初版《统治年报》篇幅非常有限，但随着时间的推移，统计资料等内容也得到逐步充实。例如，《千九百二十七年度日本帝国委任统治行政年报》第十一章“岛民的福祉”部分中有一项为设置“时钟”。其报告称，岛民由于缺乏时间观念而生活不规律，因此在各处设置时钟，早中晚鸣钟三次。

在委任统治委员会上，围绕日本的统治提出了诸多质问。1923 年的委员会上就日本的教育、公共卫生、产业、劳动、经济性平等等问题提出了质疑。1925 年的委员会上对于日本在雅蒲岛（Yap Islands，南洋群岛的一部分）上的他国国民是否享有与日本人同等权利的质问表明，委员会怀疑日本独占了排他性特权。

在日本统治下的南洋群岛，在保健卫生层面上岛民生活的改善及教育制度的整备，以及道路、港湾设施的建设，表明日本积极履行《国联盟约》中规定的“文明国家神圣使命”的义务。虽然日本在南洋群岛设置了医院，开展了向原住民普及保健知识的活动，但是当地原住民人口并没有明显增加，雅浦岛上的人口甚至还出现了减少的现象。此外，砂糖业中获取的利益全部归于日本殖民者，原住民的教育年限也只有两三年时间，教育内容也是以实务教育为中心。而与之相对，南洋群岛上的日本人移民数量却明显增加了，乃至于有超过原住民人口的趋势。

系统探讨日本南洋统治的历史学家马克·皮蒂（Mark R. Peattie）评价称，相比于原住民的利益经常更重视的是日本的利益，这种做法给国际联盟预想的通过委任统治推动（原）住民福祉发展的规划带来了负面影响。

中国的动向

国际联盟设立之后，中国希望能够将引起中日争端的山东问题提交国际联盟讨论。中国代表顾维钧尝试在第一次国联大会上提出该问题。另外，日本则极力避免在国际联盟上讨论山东问题以及对华“二十一条”问题。日本收集了中国方面的情报，尝试游说法国驻国联代表布儒瓦向对中国怀有善意的法国施加影响等方式阻止中国提出相关问题。对于日本而言，即便冒着不参加国际联盟的风险也要固守其在山东的权益。结果，由于国际联盟设立之日尚浅，中国并未在国际联盟第一届大会上提出山东问题。此后，日本从未动摇过主张以直接交涉的方式解决中国问题之方针。

对日本而言，中国国内的混乱导致其在国际联盟的代表权问题受到质疑是一个重大利好消息。1921 年 5 月，孙文成立广东政府，在国民党的势力日渐扩大的过程中，此前代表中国的北京政府的统治能力受到了质疑。

在此背景之下，从 1921 年始出任非常任理事国的中国于 1923 年失去了该席位。究其原因，一方面是由于在捷克斯洛伐克代表贝尼斯（Edvard Beneš）的积极活动之下，推动捷克斯洛伐克出任非常任理事国的声音高涨，另一方面则是出于对北京政府的考量。

此外，1921 年 11 月至 1922 年 2 月召开的华盛顿会议上缔结了确保中国领土完整的《九国公约》，中国开始认识到解决中国问题美国的参与很重要，因此对于国际联盟的期待也暂时性的回落了。

由此导致在 1920 年代中期中国与国际联盟的关系在政治外交层面出现了弱化。但随着在行政层面的保健领域国际联盟对于亚洲地域的关注日渐增强，在国际联盟内部要求强化关注中国问题的呼声也再次升温。保健部长拉西曼出生于波兰，他从新兴国家中国身上看到了本国的身影，对中国表达了同情。

1925 年至 1926 年冬，拉西曼遍访亚洲之际访问了中国各地，建议北京政府在保健行政层面向国际联盟申请援助。日本发达的保健卫生制度给拉西曼留下了深刻印象的同时，在非正式报告书中论及了中国应当改善（保健卫生）的现状以及国际联盟所能发挥的作用。该报告书在秘书处内部获得了广泛的传阅，成了国际联盟主张援助中国新的国家建设的观点广泛化的契机。

1926 年再次成为国际联盟非常任理事国的中国很快于 1928 年失去了该席位。1927 年 4 月，蒋介石在南京成立了国民党政府（南京政府），从 1928 年 9 月的国联大会开始，该南京政府正式成为（国际联盟内的）中国代表。但是，在该大会上中国虽然再次尝试通过投票成为非常任理事国，但仅获得了 50 票内的 27 票，没能达到全票 2/3 的必要多数。中国之所以没能获得足够的票数，重要原因在于中国未能足额缴纳国际联盟分担费用。欧洲各国认为，如果就此问题而批判中国的话，中国有可能向欧洲各国提出返还在中国国内的利权问题，因此并没有进一步追究中国欠费问题。

此时中国国内民族主义高涨，对于失去非常任理事国席位的不满也出现了高涨，甚至出现了提倡退出国际联盟的声音。对此，1929 年初，国际联盟向南京派出了副秘书长约瑟夫·艾冯诺，以尝试改善国际联盟与中国的关系。访华期间，艾冯诺与南京政府之间商讨了由国际联盟提供财政援助的问题，但未能实现。但南京政府借此机会提出了拉西曼访华以及在保健领域向中国提供技术援助的要求。同年秋，拉西曼再次访华，正式开启了国际联盟对南京政府的协助。具体而言，涉及设置检疫所·防疫所、消灭上海地区的霍乱·天花、训练专业技术人员、医学教育等，该计划于 1930 年 5 月在国联理事会上获得通过。

拉西曼于 1930 年 12 月再次访华商议保健问题。1930 年代初，国际联盟与中国的关系日渐好转。中国与国际联盟关系的改善使得本就不希望在国际联盟会议上讨论中国问题的日本倍感忧虑。

第二节　活跃的日本人

在国际联盟的历史上留下姓名的日本人大致可以分为两大类。一类是作为日本政府的代表，参与国际联盟的活动并在国际联盟发挥影响的日本人。另一类是进入国联秘书处以及国联相关机构，作为国际联盟的职员参与国际联盟事务的日本人。

前者的代表是石井菊次郎，其作为日本驻国际联盟的代表，在为维护日本国家利益而发声的同时，也为国际联盟的发展建言献策。后者的代表是新渡户稻造，其作为国际联盟的职员优先考虑的不是日本国家，而是国际联盟的利益，但其也意识到自身在国际联盟活动的评价总是会与其日本人的身份相联系。安达峰一郎与杉村阳太郎则是前者向后者转变的典型例子。

新渡户稻造

1919 年，在筹划国际联盟秘书处的人事配置方案之时，没有提到启用日本人出任秘书处副秘书长职位的方案，而是原本计划由巴黎和会上除日本之外的四大国（英美法意）派员出任。但由于日本方面的交涉，最终说服国联启用日本人出任副秘书长职位。由于人选事宜情况紧急，陪同后藤新平出访欧洲的东京帝国大学教授新渡户稻造被提名为候选人。当初新渡户自身认为其并不适合任此职务而予以推辞，但最终还是接受了委任，出任国际联盟秘书处副秘书长兼信息部长。

新渡户在国际联盟的业绩在于设立国际智力合作委员会并推动该组织的蓬勃发展。如前章所述，所谓智力合作主要是指推动知识分子之间的意见交换以及促进学生的国际交流活动。国际联盟设立之初，该领域的活动甚是凋敝，为此新渡户为邀请相关委员参与以及协调合作事宜而四处奔走。

例如，为了能让居里夫人出任委员职位，新渡户亲自前往巴黎相邀。但居里夫人认为智力合作之类的事业从未能顺利推进过，自身也忙于研究，即便有闲暇之日，也希望能用于研究事业。新渡户则恳求道，一口回绝显得过于“残酷”，希望居里夫人能够出席第一次会议，会后若还是觉得该机构没有意义则自当尊重其本人的决定。在新渡户的努力之下，居里夫人最终参加了会议。

以此为契机，新渡户与居里夫人之间建立起了相互信任关系。据传言，经常出访日内瓦的居里夫人只出席新渡户的招待宴会。下面一段关于居里夫人与新渡户之间的对话更能够印证二人之间的深厚友谊。

> 某日晚间，居里夫人正要离开新渡户府邸之时，下起了阵雨。
>
> （居里夫人问道）“新渡户先生，能不能借国际联盟之力停止下雨？（国际联盟）能够制止战争，那么让雨停下无疑是小菜一碟。”
>
> （新渡户回答道）“国际联盟只能制止愚蠢的人带来的腥风血雨，要制止天上的雨还得仰仗科学家们的力量”。
>
> （居里夫人回应称）“的确如此，没有什么比发动战争

更加愚蠢的了”。

（新渡户稻造《东西之间的碰触》）

据说居里夫人自此之后开始频繁谈及和平主义问题。由此也能看出新渡户获得了当时一流知识分子的信赖。

1919 年至 1926 年在担任信息部长期间，作为国际联盟启蒙事业的一环，新渡户在遍访各国的行程中发表了许多演讲。其演讲不仅浅显易懂，且往往能令听众感同身受。

新渡户稻造（1862~1933 年）　农学家、教育家，曾就读于札幌农学校、东京帝国大学，并留学美、德。1900 年出版的《武士道》被翻译成多国语言。

例如，1920 年 9 月 13 日与 9 月 14 日，其在比利时的布鲁塞尔市国际大学发表了关于国际联盟组织及其活动概况的演讲，其中关于秘书处的内容尤其令人印象深刻。

在接受秘书处职务的同时，必须停止与其本国政府之间的关系，成为国际文官的一员。（中略）本人亲身感受到了秘书处内部广泛存在的极好的团结氛围。而这种团结的氛围正是成员们心怀理想主义之精神，为推动世界繁荣而甘愿踏上新的冒险征程之强烈责任感所驱动的结果。

（新渡户稻造《新渡户稻造全集》十九卷，加藤武子译）

该演讲随后被国际联盟以英法两种语言印成小册子出版刊发。从该演讲的内容来看，这是一篇浅显易懂地传达了国际联盟理念的优秀作品，同时，对于国际联盟而言，日本人在国际联盟出任信息部长这一事实也是宣传国际协调实例的绝佳材料。

此外，一次在英国的一个名为洛奇代尔（Rochdale，——译者按）的地方受到市政府的招待之际，新渡户在规模一千人左右的观众面前发表了关于国际联盟的演讲。演讲结束后，在寒冬里公众会堂外一名没穿防寒服的劳动者等待着新渡户。他对新渡户说，此前他一直认为国际联盟是为资本家利益服务的组织，跟劳动者没有任何关系，而听君一席话之后他才认识到，（国际联盟）是一个“充满热情与仁慈的组织”。他继续说，之所以在会堂外等候新渡户，也正是想对新渡户改变了其对国际联盟的认识表达感谢。同行的市政府女性书记员也对新渡户打开了英国人的“国际心”大门表达了感谢（新渡户《东西之间的碰触》）。从该事例中能够看出，新渡户非常善于向大众普及国际联盟的理念。

新渡户并非外交官或官僚出身，因此缺乏国际政治相关的实务经验，在国际联盟内具体政策方案起草以及现实争端解决层面上的影响力十分有限。然而，据同在秘书处工作过的新渡户的同事沃尔特兹回忆称，新渡户的办公室让人感觉就是“人性生来便具备的智慧的宁静汇集之处，而法国人称之为‘内省’”（沃尔特兹《故新渡户稻造博士》，《新渡户稻造全集》

别卷，佐藤全弘译）。

八十五次演讲

作为“真正的国际人士”，无论是国际联盟内部还是在欧洲普通公民之中，新渡户都拥有很高的人望。可以说，在国际联盟十分重要的草创期内，新渡户的作用在于培育了养育“日内瓦精神”的精神土壤。

新渡户在欧洲各地可谓家喻户晓，同时对日本而言，新渡户也是提升国际社会对日本人以及日本评价的重要人物。新渡户自身也深知其肩负着代表日本的重任。据当时在国联秘书处任职的原田健回忆称，新渡户曾言，“日本人参与协助如此大规模的国际事业在历史上可谓尚属首次。正是因此，吾等应当时刻谨记责任之重大。”（原田健《在日内瓦的岁月》，《新渡户稻造全集》别卷）另据与新渡户有着深厚友谊的日本海军派驻国际联盟官员安富正造回忆称，新渡户经常说，“不仅应当勇敢地保持爱国心与国际心的并行不悖，国际心更是爱国心的延伸。没有爱国心则国际心就无从谈起。”（安富正造《追思新渡户先生》，同上）

新渡户曾在其短暂回到日本（1924 年 11 月末至 1925 年 2 月中旬）期间发表了许多演讲，对于向日本人普及国际联盟的理念与活动发挥了重要的作用。在短短 3 个月左右时间里，新渡户共举办了 85 次关于国际联盟的演讲，听众总计达 5 万人。例如，1925 年 1 月 24 日，在长崎举办的以普通大众为对象的演讲听众达到了 2500 人，且以新渡户的访问为契机，国际联盟协会支部得以在长崎设立。

回到日内瓦的新渡户向国联秘书长德拉蒙德汇报称，国际联盟的理念在受过教育的日本年轻人中间迅速传播的同时，军部与保守的教育家成为阻碍国际联盟理念普及的两大障碍。

进入 1926 年，随着德国加盟国际联盟，考虑到有必要给予德国副秘书长之职位，德拉蒙德秘书长开始了秘书处人事配置更新工作。虽然德拉蒙德希望新渡户继续留任，但其本人却借此机会辞去副秘书长之职回国。

石井菊次郎

提到石井菊次郎，最为有名的莫过于其作为特派大使于 1917 年签订的《石井-兰辛协定》。此外，其作为日本驻国际联盟代表（兼任驻法大使），在国际联盟的会议外交中穿梭于大国之间，获得了国际社会的认可。1921 年出任国际联盟代表之时，石井 55 岁，在国际联盟的职务对石井而言是其最后的外交职务。

第一次世界大战之后，回到欧洲的石井感受到了国际氛围的巨大变化。他在日记中写道，曾经整日强调爱国主义的各国外交官“内心洋溢的爱国情绪在多日的接触中失去了棱角而变得圆滑”，民众厌战情绪明显。在其回忆中评价国际联盟时形象地将其比喻为“檀香木在其发芽时便散发出芳香”，特别指出，“倡导、奖励国际和平观念”的国际联盟在“心灵建设方面的事业及成果”得到了认可，日内瓦充满了独特的气氛（石井菊次郎《外交余禄》）。

石井在国联创设之后便作为日本代表参与国际联盟事务，其目的在于获得并维持日本的大国地位。1920 年日本获得了国际联盟大会副主席的职位，提交并实现了作为国别方案与各地域方案的折中方案。

表 3-1　国际联盟理事会日本代表（1920~1930 年）

理事会	代表名称
第 1~5 届	松井庆四郎
第 6 届	珍田捨巳
第 7 届	永井松三
第 8，9 届	松井庆四郎
第 10~17 届	石井菊次郎 *1
第 18 届	安达峰一郎
第 19，20 届	石井菊次郎
第 20，21 届	安达峰一郎
第 21，22 届	石井菊次郎
第 22~25 届	安达峰一郎
第 25~37 届	石井菊次郎 *2
第 38 届	有吉明
第 39~45 届	石井菊次郎 *3
第 46~58 届	安达峰一郎 *4

注：＊1 第 13 届及 1921 年 8 月 29 日至 10 月 12 日临时理事会任主席。＊2 第 27 届理事会主席。＊3 第 39 届理事会主席。＊4 第 55 届理事会主席。

资料来源：作者依据《国际联盟年鉴》（1930 年版）等制作。

此外，如上所述，作为国联理事会理事长的石井为欧洲问题四处奔走。在解决科孚岛事件之时，为寻求解决办法，石井以品茶会为名邀请希腊、意大利两国代表及其他理事共聚一堂。此次会晤在当时甚至被称为“石井茶会”（Ishii's Tea Party）而广为人知。针对当时国际联盟重大事件的科孚岛事件，石井对于该项外交工作做出的努力昭示日本当时履行着常任理事国的责任与义务。

此外，在围绕德国加盟国际联盟以及由此引起扩大非常任理事国的问题陷入争论之时，石井正担任国际联盟理事会主席。石井通过提议任命特别委员会的方式居中协调，以尽力避免巴西与西班牙退出国联。对此事件，其回忆称，“在吾约四十余年的外交官生涯之中，从未碰到比此时担任主席更加棘手的问题”。而关于当时的辛劳程度其言道，召开了多次仅由各理事与秘书长参加的秘密会议（甚至翻译也被排除在外），“作为主席则饱受来自四面八方连珠炮似的质问与督促”。（石井，同上）

虽然石井各方面尝试予以挽留，但巴西与西班牙最终宣告退出国联。尽管如此，《纽约时报》对石井的居中协调工作给予了高度评价。石井在国联的工作足可与欧洲大国代表相媲美，很好地发挥了日本作为常任理事国的作用。

石井菊次郎（1866~1945年） 外交官，进入日本外务省之后，先后被派驻法、中，1915年任外相，1917年签订对美协调的《石井-兰辛协定》。1920年代初的日本驻国际联盟代表。主张对英美协调，对于1940年的三国同盟持批判态度。

1926年3月8日召开的国联理事会上，由于英国外交部长内维尔·张伯伦（Neville Chamberlain）、法国总理兼外交部长阿里斯蒂德·白里安、德国外交部长古斯塔夫·施特雷泽曼的出席，使得该次会议成为当时欧洲主要政治家齐聚一堂的欧洲峰会，而时任国联理事会主席的正是石井菊次郎。

对于石井而言，“国际联盟就是一个解决世界外交、军事、政治、经济、财政、卫生等其他千姿百态的人类幸福问题的舞台，也是知识文化交流的平台，就正如展览会一般的存在”（石井，同上）。而石井在这个“解决人类幸福问题的舞台”上所做的努力也获得了国际联盟肯定性的评价。

安达峰一郎

安达峰一郎之名现在并不是广为人知，然而此人在当时则是受到国际社会高度评价，甚至被赞誉为“近代日本诞生的最杰出的外交官”。

1869 年，安达出生于日本山形县，1892 年，毕业于东京帝国大学法科大学法国法专业（“东京帝国大学法科大学”系指“东京大学法学部”——译者按）。次年进入日本外务省工作，参加了朴次茅斯会议，并成为《朴次茅斯条约》起草委员会成员之一。1907 年，出任第二届海牙和平会议委员会日本代表，1917 年 5 月，出任驻比利时特命全权公使，作为随员参与了巴黎和会。1920 年 5 月，出任常设国际法院法规（Statute of the Permanent Court of International Justice——译者按）起草委员会下属法律专家委员会委员，参与了常设国际法院的创设。1920 年 10 月，出任第一届国际联盟大会日本代表，1927 年 8 月，出任国际联盟理事会日本代表。

应国际联盟的要求，安达主要负责分管少数民族问题。如前所述，依据 1922 年的协定，由于上西里西亚被分割为波兰与德国所有，导致波兰领地上的德意志民族住民与德国领地上的波兰民族住民之间围绕土地所有以及儿童入学等问题发生了争端。其中问题之一为是否应当认可波兰领地上的德意志民族住民将儿童送往德语少数民族学校就读问题。

作为该问题的“汇报者”，安达展开了积极活动。为解决该争端，赶赴事发地确认问题事实自不待言，同时还需要开展诸如邀请当事国参与讨论等诸多工作。在 1929 年 3 月的理事会上争论愈演愈烈的背景下，1929 年 3 月 6 日提交的安达“报告”理清了事实关系，明确了针对该问题的法律观点的基础上，安达居间对二者展开了协调与说服工作。

1930 年，在临时性回到日本期间，安达在国际联盟协会东京帝国大学支部上发表了题为“国际联盟成长的日益健全”的演讲。该演讲被《国际知识》（1930 年第 6 号）所收录。安达自身并没有留下太多笔墨，该演讲可谓是认知安达的国际联盟观的珍贵资料。

安达峰一郎（1969～1934 年） 外交官、国际法学者。进入日本外务省之后参与了日内瓦议定书的制定。由于其为日本国家辩护，被新渡户赞誉为“安达之舌乃日本之国宝”。1930 年出任常设国际法院法官，翌年出任院长。

演讲中安达反复论述道，从国际关系逐渐由国家与国家之间的关系向着国家的组织化方向发展的历史趋势来看，国际联盟可谓是顺应时代发展的产物。安达明确否定了未来战争的必要性。其分析指出，第一次世界大战之后的国际关系是一种“团体性联盟性”的关系，在这样的时代里，“我坚信战争这一历史产物对于将来的世界发展、人类进步绝不是必不可缺的”。相应地，安达给予了《非战公约》极高的评价。针对《非战公约》不过一纸空文的批判，安达论述称，“《非战公约》已然展现出了极大的活力，并发挥出了约束各国行动的异常强大的力量”。

此外，安达从自身经验出发，阐释了世界正日益变得狭小的观点。他指出，1884 年自己从山形县出发，翻过雪山到达神田猿乐町的下榻之所需要十三天，而现在从巴黎或日内瓦发往东京的邮寄物品也只需要十五六天，自己通过身边的设备（收音机之类）在巴黎都能够听到在东京活跃的政治家、艺术家的声音。在这个日益狭小的世界里，国际联盟的设立也正可谓“真正是时代的要求”。

此外，安达认为国际协调与爱国心并不矛盾，“毋宁说爱国心是国际联盟所必要的”。关于何为国际联盟，安达进一步论述称，独立国家齐聚一堂重视的理念是自我坚信的正义，但是在不得已的场合，“以团体性的德义心为标准是国际联盟的根本宗旨”，“养成善良的爱国心，（中略）泰然处之，秉持无所畏惧的态度，56 个国家同舟共济，共谋天下太平”。

在演讲的最后，其提到日本的新闻为了招揽顾客而倾向于撰写充满敏感性的报道，对此应当不要受其迷惑，以“应当将最深刻的关注投向事关我国民族未来发展的事件以及作为世界活动中心的国际联盟的最新动向”的呼吁结束了演讲（安达峰一郎《国际联盟成长的日益健全》）。

出任常设国际法院院长

其后，安达丰富的国际法知识获得了认可，1930 年 9 月被推选为常设国际法院法官，1931 年通过选举方式出任常设国际法院院长一职。但安达不幸于 1934 年病倒，并客死于阿姆斯特丹。当时，安达获得了荷兰国葬以及常设国际法院院葬的隆重葬礼待遇，《纽约时报》也对其故去做了报道。世界范围内都对安达给予了极高的评价。

常设国际法院原法官马克思·胡伯（Max Huber）在悼念安达时写道：

> 安达不仅仅是作为大国的代表，他调和了政治手腕与学问良心，而难得一见的渊博知识与谦虚个性的调和在他身上也得以实现。正是由此，安达的礼让充分融合了东洋与西洋的精髓，其所及之处都绽放出伟大的人性的宝玉之光。
>
> （森征一、丰岛二二夫监修，法文化研究会：《安达峰一郎相关资料目录及简略年谱》）

另外，《美国国际法杂志》也刊载了由阿克·哈玛秀鲁特（Ake Hammarskjold）追悼安达长达三页的悼词。哈玛秀鲁特曾与安达同在常设国际法院履职，并出任书记员。

哈玛秀鲁特文中称赞安达为“和平的建设者”，具备高贵的个人品德。安达曾言，“身着法官之法衣，则如同肩负尊严而行”，并以此为荣。文章继续写道，安达不仅适应了西洋世界，其身上同时兼备“东洋之精神”，“安达法官的个人品德充满着优美的礼仪，这是其成长过程中继承东洋文明的结果”。此外，哈玛秀鲁特指出，虽然有时安达的超强耐心受到了非难，但那种超强耐心不仅对于区别外在的重要性与本质的重要性十分必要，同时在人人皆以为抢占先机是一种优势的时代里也是必要的品格。[Ake Hammarskjold, *American Journal of International Law* 30（1936）]

石井与安达共同成了1920年代在国际联盟理事会活跃的主要日本代表。理事会代表由各国派出一名代表组成，参与实质性讨论，有时会作为主席负责处理棘手的问题，因此责任重大。石井与安达可谓完美地履行了这种职责。

富于耐心与勤勉的日本代表团

除新渡户、石井、安达之外，在国际联盟的舞台上活跃的日本人还有杉村阳太郎与佐藤尚武。

杉村阳太郎于1908年毕业于东京帝国大学之后进入外务省工作。留学里昂大学之后，1912年至1917年在巴黎履职，并经历了第一次世界大战。在北京、东京履职之后，1923年2月再次回到巴黎任职，同年末出任国际联盟帝国事务局次长，出席了国际联盟大会及委员会，1926年6月任日本帝国事务局局长。杉村在鸦片委员会上阐述日本的立场同时，也督促日本政府做出鸦片政策的调整。

其后，1926年在德国加盟带来国联秘书处改编之际，杉村辞去了日本政府代表之职，转而进入国际联盟秘书处工作，并于1927年1月任副秘书长兼政治部长。与新渡户不同，杉村曾任日本国联事务局局长兼全权公使，由此导致有声音质疑作为一国之代表的外交官是否适合出任国联秘书处副秘书长。杉村并没有在意这种质疑的声音，而是在就任政治部长之后尽全力解决上西里西亚等问题。此外，杉村撰写了许多关于国际联盟的启蒙性著作，为在日本普及国际联盟知识做出了贡献。

佐藤尚武（1882~1971年） 外交官，进入外务省之后，1927年任国际联盟帝国事务局局长。历任驻法大使等职之后，1937年出任日本外相。1942年始出任驻苏联大使至日本战败。战后任日本参议院议员、参议院议长、1956年日本加盟联合国时日本代表。

佐藤尚武于1905年在东京高等

商业学校就读期间通过了外交官考试，并由此进入外务省工作。先后在俄国（1906 年）、哈尔滨（1914 年）、瑞士（1919 年）、法国（1921 年）、波兰（1923 年）等地履职，1927 年 1 月，作为杉村的继任者出任国际联盟帝国事务局局长一职。

在临时回到日本期间，佐藤曾在外务省局长会议上汇报了裁军问题以及少数民族问题，对此，情报部长白鸟敏夫指责其关注的都是些跟日本没有关系的问题，一时之间气氛甚是紧张。

佐藤曾预测中日问题有可能会被提交国际联盟会议讨论，对此，其回忆称，“如果日本（国际联盟）代表部不能秉持为国际联盟事业鞠躬尽瘁、为世界和平做贡献的态度，那么在提及作为国际联盟五大国之一的日本时会是什么反应呢？没有为国际联盟做出任何贡献必然会招致国际社会的反感”（佐藤尚武“国际联盟的回忆”）。

概言之，周边人士对于当时在国际联盟活跃的日本人总体上给予了肯定性评价。曾在国际联盟秘书处任职的沃尔特兹对于当时日本代表团的工作情况评价如下：

> 日本代表团表现出了强烈的忍耐力，且工作勤勉，成了他国代表团很好的榜样。理事会、大会、委员会等机构内长期充斥着无休止且冗长乏味的讨论，而日本代表团是其间的常客。石井、安达、杉村、佐藤，他们超强忍耐力的工作作风给予了国际联盟以巨大的帮助。安达在德国与波兰的少数民族问题上的工作作风令人惊叹。
>
> （Walters，*A History of the League of Nations*）

第三节　日本国内的评价
——普及活动及其局限性

在国际联盟创设之初，日本政府与民间整体上都对其评价不高，并表现出消极应对姿态。但在国联设立之后，日本成了常任理事国，政府与民间都开始了积极推进国际联盟理念及其实践的普及活动。

1920 年代是重视国际协调与国际理解的国际主义在世界范围内迅速传播的时代，日本也通过对于国际联盟的认知而受到了该理念的影响。为了向一般民众推广国际联盟，一些专业性团体得以设立。作为政府官方机构，其设置了国际联盟信息部支部、学艺合作（Intellectual Co-operation）委员会（智力合作国内委员会），民间机构方面主要是国际联盟协会的成立。

学艺合作委员会

如前章所论，为向各国推进国际智力合作委员会的事业，诞生了专门的组织即智力合作国内委员会。欧洲由于遭受第一次世界大战的冲击，文化知识活动受到了重创，因此智力合作国内委员会在奥地利、匈牙利自发性地诞生了，该模式也在其他各国迅速普及开来。1924 年的国际联盟大会上通过了敦促尚未成立国内委员会的国家加快设立的决议，对于日本也通过发出照会文件等方式推动其设立国内委员会。

对此，外务省向文部省发出请求，希望将该问题纳入文部省管辖，但文部省态度消极。因此，当时只能以外务省为中心展开活动，并最终于 1926 年 4 月 30 日成立了以邀请知识分子参与为目的的“学艺合作委员会”。人事构成方面，委员长由东京帝国大学教授山田三良出任，委员为东京帝国大学教授姉崎正治与外务省条约局长长岡春一，干事长则是外务省欧美二课长加藤外松与条约局三课长栗山茂等。从人事构成来看，该委员会可谓是由外务省与知识分子混合组成的。

学艺委员会主要负责推动与国内大学、学界等机关以及国际联盟国际智力合作委员会之间的联络，同时也积极开展与他国智力合作委员会之间的交流。具体而言，学艺委员会开展了日本法典的翻译事业，特别是商法的英译等。此外，为了向海外广泛宣传介绍日本美术界的现状组织编纂了英文美术年鉴。

国际联盟协会的成立

国际联盟协会是在日本国内宣传普及国际联盟活动与理念的民间团体。但其设立则是在重视国际联盟的外务省相关人士主导下推动的，这与欧美类似组织主要由民间力量积极推动设立有明显差异。

1919 年在布鲁塞尔举办的国际联盟协会大会上，在巴黎居住的日本人得知了中国拟将山东问题提交大会的消息。虽然山东问题最终未能提交大会讨论，但当时在欧洲各大都市的日本外交官以及知识分子开始深刻感受到了国际舆论的重要性及其在今后日益增加的趋势。由此，时任驻法大使松井庆四郎在发送给日本国的报告中指出了在日本国内培育健全的舆论机制的重要性，并督促设立国际联盟协会。

设立国际联盟协会最初提案者为立作太郎、山川端夫、松田道一、伊达源一郎、杉村阳太郎、泽田节藏共六名成员，其不仅与外务省关系密切，最初更是在资金方面接受外务省的资助。会长由在财界、政界都拥有广泛人脉的涩泽荣一担任。活动内容主要是面向日本国民开展国际联盟以及国际问题相关的启蒙事业。1932 年 5 月，会员规模达到了一万两千余名，会员构成不局限于大都市圈，也扩展到了地方，为传播国际联盟相关知识做出了贡献。

国际联盟协会在其设立之后开始发行月刊杂志《国际联盟》（自 1922 年始更名为《国际知识》）。该杂志主要刊载国际联盟的活动及国际社会相关问题。例如，在威尔逊总统故去之时刊载了威尔逊相关的特辑，其内容即便是现今来看也是高质量的文章。此外，《国际知识》在 1925 年 4 月号的前言部分刊载了曾任法国首相、外交部长布儒瓦同意出任日本国际联盟协会名誉总裁的内容，同时刊载了配有布儒瓦本人照片的书简。鉴于布儒瓦对国际和平事业的贡献，其于 1920 年获得了诺贝尔和平奖。

国际联盟协会的活动在大学生中间发展迅速，1924 年 2 月以在早稻田大学设立学生支部为契机，东京帝国大学、庆应义塾大学、明治大学、神户女学院大学、东京女子大学、日本女子大学等全国范围内相继设立了四十八处支部。

此外，国际联盟协会也积极推进讲习活动。例如，1925 年 3 月 30 日至 4 月 7 日期间，举办了以增进国际问题理解为目的的第一届国际问题讲习会。地点位于东京芝公园协调会馆内，除周日外每日晚六点至九点半举办讲习。

科目及讲授人员如下：

“国际联盟的组织” 东京帝国大学教授神川彦松

“国际联盟的事业” 东京帝国大学助理教授横田喜

三郎

“移民及人种问题”美国南加州大学教授乾精末教授

“和平议定书”外务省书记官佐久间信

“道威斯计划（Dawes Plan）之后及协约国债务问题”大藏省书记官青木得三

“劳农俄国的国情与对外关系”外务省书记官芦田均

“支那问题”众议院议员神田正雄

“国际劳工组织”国际劳动局东京支局局长浅利顺四郎

会费 3 日元，限员 80 名，其但书中明确提示，“该讲习会并非演讲会，系本着开展实质性研究而举办。故，请与会者酌情参加。”该研讨会的举办表明在政府、大学相关人士以及出席该研讨会的城市圈知识阶层之间存在一定的知识性交流。

国际联盟协会也与其他国内团体合作开展活动。1924 年 4 月 22 日，为纪念康德诞生 200 周年，“国际教育日”设立，并举办了演讲活动。国际教育日联合团体包括了国际联盟协会、国际教育协会、日本基督教女子青年会、东京基督教青年会、妇女和平协会、日本少年寮、日本世界语（Esperanto）协会、妇女矫风会、基督教徒世界联盟诸多团体。在日本国内，以国际联盟为核心，寻求和平与国际协调的团体呈现集结态势。

呼吁“国际教育日”的《东京讯息》指出，日本的教育历来太偏重于“排他性国家主义”。其进一步指出，小学教科书中看不到国家合作推动人类进步、发展的表述，满篇尽是唤起“同仇敌忾之心”甚至是“挑起战争”的材料。从当今国际局势的实情来看，这种做法是不恰当的。

同时，也存在与海外的国际联盟协会之间的交流。1923 年 9 月关东大地震之后，为救济因地震烧毁的图书馆，以英国国际联盟协会为中心向英国会员发起了复兴运动的呼吁。

另外，1924 年 4 月号的《国际知识》刊载了一条信息称，英国国际联盟协会提出申请希望捐赠其机关杂志《前进》（Headway）。该条信息中提到，该协会会员内部出现了希望能将阅读过的机关杂志向海外捐赠的意见，大概可以向 10 人或 12 人寄送。其进一步写道，来自英国的申请如果能够实现，亦即双方可以结成上述捐赠关系的话，那么这种超越国界在个体之间加深相互理解的做法对双方都是有利的。

以国际联盟为核心，不限于政府，国际联盟与民间团体之间也形成了对话的渠道，原本对于国际联盟知之甚少的日本国内也开始涌现出了各式各样的团体。各国之间设立的国际联盟协会之间相互帮衬的机会主要集中在欧美地区，但如上所述，国际社会推动各国国际联盟协会合作的浪潮也波及了日本国际联盟协会。

和平主义的启蒙活动

国际联盟协会刊发了许多启蒙性小册子与书籍，其中不乏论述和平珍贵价值的内容。

例如，国际联盟协会于 1921 年刊发了名为《无须战争的和平》的小册子。作者为稻垣守克，其曾是日本国际联盟协会职员，后成为日内瓦国联秘书处职员。在书本的开头 4 页里刊载了名为“法国东部战线”的照片，从中可以看到被战争破坏的建筑物和墓地里排列的十字架。其中有一张名为“我乘坐的汽车”的照片，十分真实地反映了第一次世界大战之后的境况。

该书前言部分写道：

> 将当今之世于战争灾难之中解救，实现彼此能够适宜居住乃至更好的居住环境之世界，全体国民自当对此诚挚地予以反思。为实现此目的，当今人类应当如何思考，以及战后出现的名为国际联盟之组织究竟为何而生等一系列问题向学生为首的普通大众普及、介绍系我等之责任。该小册子简明扼要地阐释了国际联盟大致的理想。接下来让我们逐一阐述相关的世界性问题。

文中深切控诉了战争的野蛮性。作者亲身考察了法国东部战线，目睹了战争对于建筑物的巨大破坏，而看不到的对于人的生命的残害更加巨大，“我甚至听说了法国的某个家族里七名男子皆战死的悲剧”。全世界的人民开始“觉醒”，为彻底消灭战争而创设了国际联盟。文中进一步论述道，“世界大战给人类带来了无数无法估量的巨大损失的同时，国际联盟的理想，亦即在‘不要发动战争，团结起来同心协力共同为文明的发展而努力’的思想激励之下国际联盟诞生了”。

该书最后部分论述道，“日本得以幸免于此次战争之害。战争给欧洲人民带来了多大的伤害是日本（人）难以想象的”，没有必要整日杞人忧天似的担心俄国或美国会发动攻击等，“不要发动战争”的觉悟至关重要。

该书不过是第一次世界大战之后在欧洲广泛传播的反战思想的一部分被介绍到日本的一个事例而已。正如前述新渡户以及《国际知识》的一些刊文所忧虑的那样，当时的日本根深蒂固地存在着反对作为国际联盟根基的国际主义与和平主义的思潮、民族主义以及排外主义潮流。但国际联盟相关信息的传播打开了向日本介绍和平主义、国际主义的大门。

功绩与困难局面

参与《国联盟约》起草的美国代表团成员之一的米勒评价日本在国际联盟中的活动称，“日本效法意大利成为大国之时的经验，积极参与欧洲事务。意大利就是通过参与和本国并没有直接关系的问题而成为大国的”（Matsushita Masatoshi，*Japan in the League of Nations*）。

对日本而言，国际联盟的舞台是其学习在欧洲长期培育起来的会议外交的地方，同时也是作为常任理事国树立外交大国地位的场所。由于日本缺乏像顾维钧那样拥有以优秀演讲能力向欧美各国呼吁的外交官，自然也不能在国际舞台上显得格外出众。在国际联盟创设之时，山东问题等强烈维护日本国家利益的主张也是事实。但是，至少在 1931 年 9 月九一八事变爆发之前，对于国际联盟而言，日本是十分值得信赖的成员国，也存在受到其他成员国、国际联盟职员尊敬的日本人外交官、国际联盟职员。另外，在 1920 年代的日本，国际联盟的活动及其理念也得到宣传介绍，普通大众对于国际联盟的理解呈现高涨态势。

日本尽力参与解决欧洲问题，正如沃尔特兹所评价，（日本）在国际联盟忠实履行使命，可谓为国际联盟做出了切实的贡献。新渡户稻造与安达峰一郎为国际联盟的发展与稳定做出了贡献。而在保健卫生领域正如宫岛干之助所做的工作，也可以看作在政策层面上日本人将国际联盟的活动延伸到亚洲所取得的功绩。

另一方面，对于如何评价国际联盟给日本外交多大程度上带来了利益的问题则难有定论。在提升大国日本地位这一点上的确获得了象征性的利益。然而，很难说国际联盟具体实质性地对于日本“发挥了作用”。入侵中国及日美之间的移民问题是 1920 年代日本最大的课题。对于日本而言，在涉及具体利益的问题上，例如日内瓦和平议定书之类的问题，很难说日本对于国际联盟持合作的态度。因为一旦对于日本最为重要的课题中国问题被提到国际联盟层面，那么无论是对日本还是对国际联盟而言都将面临两难的局面。

第四章　走向争端与战争的时代

——艰苦奋斗的 1930 年代

国际联盟的总部位于日内瓦，然而从设立开始就没有一个专用的建筑。秘书处设置在莱蒙（Lac Léman）湖畔的国家酒店（Hôtel National），大会则在对岸的加尔文纪念馆召开，事实上极为不便。因此，1922 年，国际联盟通过了新建国联总部的决议。由于得到了来自洛克菲勒财团的捐赠，财政问题上准备就绪，1926 年决定通过公开征集竞争的方式采纳建筑的设计方案，并最终收到了三百七十五份设计方案。结果，在 1929 年的国联大会上确定了总部新建筑的设计方案。

在 1929 年 9 月的国联大会期间，举行了国际联盟总部建设的奠基仪式。在大会主席、理事会主席、秘书长和瑞士总统发表演讲之后，一个内含《国联盟约》和成员国名单文件的铅盒被埋在了新楼的基石之中。

依据最初的计划，总部预计在两年后完工，然而由于各种情况的影响，工程进展缓慢。直到 1935 年之后，理事会才得以在这座宏大的新总部“万国宫”（Palais de Nations）内召开。秘书处的搬迁则是在 1936 年，大会的首次召开则要到更晚的 1938 年。

颇具历史性讽刺意味的是，在修建恢宏大气的总部同时，“国际联盟”这一组织自身却接二连三地遭遇了足以撼动其根基的事件。

第一节　九一八事变
——国联舞台上的日中攻防

“满蒙特殊权益”的局限

1931年9月18日，关东军在沈阳郊外炸毁了“南满”铁路铁轨。虽然若槻礼次郎内阁发布了“不扩大方针”政策，然而关东军却借此机会图谋解决“满蒙问题”，因此将战线扩大到东北全境。

当时，日本频繁使用“满蒙问题”“满蒙特殊权益”之类提法，对“满洲”和蒙古，尤其是“满洲”抱有极强的野心。

“满洲”是日俄战争的战场，是许多日本人流过血的地方。日俄战争之后的“满洲”，依据日俄条约（1907年、1910年、1912年、1916年）、对华“二十一条”（1915年）与《石井-兰辛协定》（1917年）等条约，日本认为自己的特殊地位在国际上得到了保证。另外在经济方面，1906年“南满洲”铁道株式会社（“满铁”）成立，在其沿线，日本经济投资十分活跃，许多日本人徙居至此，由此产生了许多具体的利害关系。

此外，受到第一次世界大战中美国总统威尔逊提出的“十四点”计划之一的民族自决原则的影响，在沦为殖民地和半殖民地的地区，反对外国统治的运动呈现日益高涨的态势。在中国，对于日本对华提出的“二十一条”，1919年爆发了五四运动，掀起了恢复国权运动的高潮。此外，还发生了抵制日货和侵害日本人权益的诸多事件。

1922年，华盛顿会议上缔结了《九国公约》，规定缔约国应尊重在中国的“门户开放”方针并维护中国的领土完整。该条约关于中国问题采用九国参加的多边框架体系，是与日本所倡导的中国问题由日中两国直接交涉来解决的方针不同的理念。“满蒙特殊权益”受到了来自中国与国际社会的双重挑战。

但是，由于此时中国内政混乱，加之作为《九国公约》倡导者的美国自身并没有加入国际联盟，日中双方的争端并没有直接交由国际联盟加以讨论。1927 年 5 月，蒋介石率领的国民党军展开北伐，日本担心由此会造成混乱，因此，以保护侨民为借口出兵山东。1928 年 6 月，关东军下属部队策划炸死了张作霖。正是由于中国内政上的混乱，中国政府没有能力将这些问题提交国际联盟讨论。

然而，步入 20 年代末 30 年代初，随着蒋介石掌控的国民党统治范围的扩大，中国也逐步走向稳定。如上所述，在拉西曼的主导之下国际联盟在保健领域开始向中国提供援助，国际联盟与中国的关系也呈现改善态势。

此外，根据《国联盟约》及上一章论及的《非战公约》，有关规制战争的多边框架得到了进一步发展。美国国际法学者查尔斯·芬威克（Charles G. Fenwick）认为，倘若日本在《非战公约》缔结后的 1928 年在“满洲”问题上采取行动的话，那么势必会产生与《非战公约》密切相关的重大问题。芬威克对此表示了担忧。在这样的背景下，九一八事变爆发了。

来自中国的申诉

九一八事变刚爆发时，该事件被认为是一个地域性争端，认为事件很快就会平息的乐观论调成了国际联盟内部的主流意见。日内瓦距离“满洲”十分遥远，以国际联盟为平台解决争端主要是以欧洲各国之间的问题为对象。然而，这场争端却呈现出了长期化的态势，因此，中国就九一八事变向国际联盟提出了申诉。正如沃尔特兹所写道，“入侵‘满洲’（Rape of Manchuria）无论是对中日关系而言抑或是对国际联盟而言，都是一个重大转折点”（Walters，同上），不久其便发展成了一个重大问题。

接受中国申诉而召开的国联理事会（1931 年 9 月）

当时，国联理事会包括英、法、德、意、日五个常任理事国，此外还有中国、西班牙、危地马拉、爱尔兰、挪威、巴拿马、秘鲁、波兰和南斯拉夫 9 个非常任理事国共计 14 个国家，理事会主席则是西班牙代表亚历杭德罗·勒鲁（Alejandro Lerroux）。

9 月 19 日清晨，日本代表团收到日本占领沈阳的第一份报告。同日，日本代表芳泽谦吉在召开的理事会上被要求做出说明，但其仅仅敷衍性地回应称正在向日本政府询问信息。

9 月 21 日，中国代表施肇基根据《国联盟约》第十一条规定，就该问题向理事会提出申诉。另外值得一提的是，中国刚刚于9月14日再次获得了非常任理事国地位。

九一八事变发生在日本和中国之间，对国际联盟而言则是面临着其作为国际组织如何处理该类问题的一次重要考验。对于该问题的处理不仅事关国际联盟的两大重要成员国中国与日本，同时，在国联内部也存在大国与中小国家的立场差异的问题。整体上，事态呈现出极端复杂的态势。

大国的态度，中小国家的期待

以英国和法国为代表的大国认为，从对国联政策层面而言尝试在国联内部讨论并解决九一八事变是非常重要的，但同时两国也必须从本国对日本和中国的外交政策层面出发考虑这个问题。尤其是英国在中国拥有巨大的利权，同时也非常重视维持与日本的关系，因此这是一个牵涉其本国利益的复杂问题。

与此不同，对于欧洲的中小国家而言，远东地区的形势本身与其并无太多直接利害关系。但它们非常关心国际联盟是否有能力对大国日本的军事行动做出处理。

最初，日本政府主张采取“不扩大方针”，呼吁中日之间展开直接交涉。日本反复重申其一贯的立场，认为在国联主导的多边框架体系内来讨论中日问题是欠妥当的。

9月22日，中国和日本之间展开了首次正面交涉，日本代表芳泽谦吉强调责任在中国，认为日中之间的直接交涉便可以使事态得以解决。此后，同日由理事会主席（西班牙代表勒鲁）和4位常任理事国代表（除日本之外的英、法、意、德）共计5名代表商讨解决事态的方案得以通过。之后，通称为“五人委员会”的机构发挥了重要作用。其中，来自中小国家的非常任理事国被排除在外。

9月30日，国联理事会通过了一项向中日呼吁停止军事行动的决议。然而由于缺乏相应的具体措施，最终只能是期待性地认为"事态总会平静下来的"。其后，国联理事会一直休会至10月14日。

反复的秘密会议

然而，10月8日，在国联休会期间爆发的日本轰炸锦州的行为使得国际联盟和各国的态度迅速恶化。对此，被派遣到国际联盟的外交官伊藤述史形容称，"宛如一声惊雷，震惊了整个国联"（伊藤述史《国联调查团前后》）。

在九一八事变爆发之初，英国外交部长R. D. I. 雷丁（Rufus Isaacs, 1st Marquess of Reading）曾反对制裁日本，主张采取稳健措施，但在听闻轰炸锦州的报道后其态度开始动摇了。这是由于日本采取了在当时被认为是残忍的空袭行动。日本招致了成员国的反感，各国都对日本政府最初声称的"不扩大方针"日益缺乏信任。

原定于10月14日重开的国联理事会应中国代表团的要求提前至了13日。此次会议上，法国前外交部长、《非战公约》的倡导者白里安代替西班牙代表勒鲁成为会议主席（事实上《非战公约》的英文名称便是以他和另一位倡导者美国国务卿凯洛格之名命名的，亦即"凯洛格-白里安条约"）。

在主席更迭之后，考虑到白里安的个人情况，国联理事会由日内瓦改迁至巴黎，并且更多的是召开秘密会议。从1929年3月到1931年5月期间，国际联盟整体只召开了3次秘密会议，但是在九一八事变爆发至10月24日之间便召开了7次秘密会议，10月25日至12月10日之间召开的秘密会议次数更是多达

21 次。换言之，国际联盟应对九一八事变的初期机制是以大国间的秘密会谈为主。

秘密会议类似“五人委员会”，是将非常任理事国排除在外的大国间会议。尽管有国联理事会这样的官方机构存在，国际联盟的制度运作正如前面所述科孚岛事件那样，并非严格得以贯彻执行，特别是大国往往并不重视依照制度解决问题。相比于在国际联盟体制中用透明且民主的制度来解决问题，在必要的情况下，大国更愿意选择秘密会议这种传统外交方式。

邀请美国

邀请美国的举措可以说是重视大国的灵活性制度运作的一面。10 月 14 日，国联理事会不顾日本的反对，通过了邀请美国代表作为观察员的提案。最初，美国派遣的是驻英国大使查尔斯·道威斯（Charles Gates Dawes）。道威斯是美国前副总统，在德国赔款问题中曾主导提出了“道威斯计划”，是一位颇具影响力的政治家。然而他对于国际联盟并未展示出多大程度上的理解，因此并没有取得多少具体的成果。道威斯的继任者吉尔伯特（Prentiss B. Gilbert）发挥的作用也只是停留在国际联盟与美国之间的合作这一象征性意义上。然而，对于美国的这种邀请却为此后招揽美国委员参加李顿调查团铺平了道路。

由此，尽管国际联盟采取了由大国主导的方式应对，然而英、美、法各自对于九一八事变有着不同的打算，彼此之间的步调并未取得一致。

美国方面，总统胡佛始终持消极态度。相比于总统，国务卿亨利·史汀生（Henry Lewis Stimson）对这场“远东危机”抱有极大的关注。史汀生派遣其助理前往“满洲”收集信息并寻求事态解决的方案。尽管史汀生明知，基于孤立主义居于主导地位的国内形势，美国无法采取制裁或者抵制日本产品之类的积极政策，但其仍认为美国应该采取某种措施。在这样的背景下，1932 年 1 月，美国发布了被称为“不承认主义”（史汀生主义）的声明。

“不承认主义”宣言是表明美国立场的外交通牒，亦即，不承认违反《国联盟约》、《非战公约》与《九国公约》的情形。尽管这种“不承认主义”缺乏现实性成效，但在国际法层面上对于促进“不承认侵略成果”之原则的发展发挥了一定的作用。

另外，英国政府内部也未能达成一致。这是由于英国也在中国拥有大量利益，存在着赞同日本主张的势力。同时，支持国际联盟的舆论也很强烈，协调起来十分困难。英国也尝试着与美国统一步调，1932 年 2 月，美国国务卿史汀生与英国外交部长约翰·西蒙（John Allsebrook Simon）通过国际电话进行了讨论，然而英国对于实施经济制裁态度消极。英国政治家之中，认为国际联盟应该采取果断强硬政策的是像塞西尔那样的国联的忠实信奉者。

在法国，最初报纸和舆论都呈现出了对日本同情的态度。虽然相较于英美，法国在中国的权益要少一些，然而也正因此，法国对中国正处于混乱状况也表示了理解。

一·二八事变的爆发

在国际联盟尚未采取明确的具体应对措施之际，日本采取了进一步的军事行动。1932 年 1 月 28 日，日本为了转移国际社会对九一八事变的关注，以日本人僧侣被杀害为借口出兵上海。

一·二八事变爆发。上海是中国最大的租界所在地，与“满洲”不同，是欧美各国拥有权益的城市。

2月19日，国联理事会召开，通过了理事会新任主席约瑟夫·保罗-邦库尔（Joseph Paul-Boncour）（法国）提出的召集特别大会的决议。通过举行大会而不是理事会来审议事态，这一决断将很大程度上左右今后的动向。

3月3日，特别大会得以召集，比利时外交部长保罗·伊曼斯就任大会主席。如上所述，伊曼斯是自国际联盟创立之初的国联盟约讨论委员会开始便十分活跃的人物，在其成为大会主席后，可以预计在今后的讨论之中国际联盟的威望和原则会得到重视。

事实上，在这次大会上中小国家的发言十分引人注目，他们指责大国之间的秘密外交，批评了英国在日本问题上的绥靖政策。例如，挪威代表发言称，“满洲”问题是对《国联盟约》这一原则的挑衅，也是在试探国际舆论。

3月11日，大会提议设立十九人委员会，除日本和中国之外的44个国家都对该提案表示赞同。十九人委员会旨在提出解决方案，构成成员为除日本和中国以外的理事会12个成员国代表，加上大会投票选出来的来自瑞士、捷克斯洛伐克、哥伦比亚、葡萄牙、匈牙利、瑞典的6名代表，以及1名大会主席。中日两国的问题成了当时的主权国家中约1/3参加的大委员会讨论的问题。

对于从一开始就主张中日直接交涉的日本而言，在这种多边框架里讨论“满洲”问题并不是一件好事。日本暗示了脱离大会的意图，并开展了反对工作，但并未达到目的。

与此同时，截至1931年底之前关东军几乎已然占领了“满洲”全境。1932 年 3 月初，一・二八事变也呈现出渐趋平静的态势。

派遣李顿调查团

在特别大会设立十九人委员会之前，在解决策略方向上国际联盟做出了重要决定。亦即，向争端地区派遣调查团。

关于派遣调查团事宜，最初是在九一八事变刚爆发后的 1931 年 9 月 22 日由中国代表施肇基提出的。但由于日本的反对，当时并没有被通过。11 月 21 日的理事会上再次被提出，12 月 10 日获得了通过。

被派遣的调查团成员以团长维克多・李顿（Victor Bulwer-Lytton）（英国）为首，包括亨利・克洛岱尔（Henri Claudel）（法国）、阿尔德罗万迪・马尔斯科蒂（Aldrovandi Marescotti）（意大利）、海因里希・施内（Heinrich Schnee）（德国）、弗兰克・麦考伊（Frank Ross McCoy）（美国），日本方面派出了驻土耳其大使吉田伊三郎，中国方面派出了顾维钧作为参与委员

1932 年李顿调查团到达汉口 李顿（前列左）、顾维钧（前列右）

参加。此外，包括专门调查委员、打字员等在内，调查团总体规模为28人。其中，还包括了麦考伊的顾问，与国务院关系密切的乔治·布莱克斯利（George Hubbard Blakeslee）教授〔美国〕、“满洲”问题与国际法领域专家沃尔特·杨（Walter Young）博士〔美国〕等远东问题专家，也有来自非成员国的专家，为报告书的编撰发挥了重要作用。

表4-1　李顿调查团日程（1932年）

2月3日	从法国出发
2月9日	到达纽约
2月13日	到达旧金山
2月18日	到达檀香山，“满洲国”独立宣言
2月29日	到达横滨，与外务大臣芳泽谦吉、首相犬养毅、陆军大臣荒木贞夫面谈
3月1日	“满洲国”建国宣言
3月3日	宫中欢迎午餐会
3月6日	前往京都
3月12日	通过对马海峡，前往上海
3月26日	从上海出发前往南京，三天时间里每日下午与中国国民政府外交部长罗文干、行政院长汪兆铭、军事委员会委员长蒋介石面谈
4月1日	从南京出发
4月4日	到达汉口
4与7日	到达南京
4月9日	到达北京，与张学良面谈
4月19日	从北京出发前往“满洲”。在沈阳与关东军司令官本庄繁面谈
5月2日	到达长春，5月4日，与“满洲国”执政溥仪面谈
5月7日	前往吉林
5月9日	哈尔滨（逗留至21日）
5月21日	前往沈阳

续表

5月25日	前往大连
5月28日	前往旅顺
5月30日	从大连返回沈阳途中，参观鞍山制铁所
6月1日	参观抚顺煤田
6月4日	从沈阳出发前往锦州
6月8日	到达青岛
6月28日	从北京出发，经“满洲”、朝鲜，再次前往日本
7月2日	从汉城出发
7月3日	到达下关
7月9日	与陆军大臣荒木面谈
7月16日	前往神户
7月17日	从神户出发前往青岛
7月20日	到达济南，夜晚乘列车到达北京，在北京撰写报告书
9月4日	签署报告书

资料来源：依据 H. 施内《“满洲国”见闻记》（讲谈社学术文库，2002 年）由作者制作。

以德国调查委员施内撰写的《“满洲国”见闻记》为基础，如前页的图表所示将这段旅程再现。据此，我们可以对调查团一行的繁忙旅程有一个大致的认识。

施内当时 61 岁，是一名曾任德国领有的东非总督的政治家。关于满洲问题，施内在研究学习“满洲”地区自然状况的同时，与九一八事变中遭受损失的在满德国人会谈。此外，还会见了援助俄罗斯难民的难民委员会委员等，为解决“满洲”问题开展了十分积极的工作。另外，还和“满洲国”执政，之后的“满洲国皇帝”溥仪进行了面谈，对其坎坷的命运寄予了同情，并指出“满洲国”真正的掌权者是身为“满洲国”顾问的日本人驹井德三。

此外，关于调查团所感受到的来自日本的企图，被派遣至国际联盟的外交官伊藤述史也有这样的表述：“国联视察团（原文如此）的想法是，虽说‘满洲国’的存在已然成为事实，但它将来真的能一直维持下去吗？又或者其将成为第二个朝鲜也说不定。”（伊藤述史，同上）

日本的应对

对于日本来说，李顿调查团系事关生死的重大事件，为此，日本竭尽其所能做好调查团的接待工作。尤其是负责具体接待事务的“满铁”更是全力以赴应对接待工作。国联调查委员会一行共计 28 人，此外，日本方面参与人员 16 人、中国方面参与人员 8 人、日本外务省职员 4 人、新闻记者 5 人、关东厅 4 人，共计约 70 人的出行、饮食起居，对于日本的应对、旅程管理来说，并非易事。

在一些城市，有时无法做到将一行全员都安排在酒店住宿，这种情况下，采取了让一部分人住宿在客车内的措施。此外，接待调查委员会一行如此人数众多的食堂餐车服务极为罕见，为方便提供服务特地将两辆餐车连接在一起。另外，在各地视察时使用的都是汽车，然而当时“满洲”的汽车数量并不充裕，在长春和鞍山都发生了车辆数量不足的情况，为此还采取了从大连和沈阳调取商务用车的非常手段。

在日本看来，对于国际调查团的接待系事关国家命运与“满铁”社运的大事，因此，在接待工作上可谓竭尽全力。施内对于日本在接待工作上的表现评价称，“无论是行李的安排，还是汽车、列车的联络，一切都十分顺利”（施内《“满洲国”见闻记》）。

李顿调查团一行 满铁餐车午餐菜单

西餐冷盘
冷制清汤
炸鱼，蛋黄酱（rémoulade）
（一种加入西芹丝和蒜的芥末蛋黄酱）
克拉马尔风味牛里脊
柠檬冰淇淋
水果
咖啡

资料来源：《在“满洲”的调查委员会与满铁》。

记录调查团工作的“满铁”制作了多达九卷八千英尺的活动照片、影片作为答谢赠品。“满铁”原本就因为需要留下记录而进行了拍摄，只不过认为这些材料能够更好地说明日本方面的立场，因此将材料送给了调查委员以及国际联盟。该影片资料以“国联调查委员会在‘满洲’”为题，被呈送给了五名委员。此外，出于“国际宣传”的目的，还送往了在日内瓦的日本国联事务局以及纽约和巴黎的“满铁”办事处。

李顿调查团与日本军人的合影

1932 年 12 月 8 日，国际联盟相关人员、各国代表和新闻记者等共计 700 名被邀请至日内瓦的科萨尔剧院观看了这部纪录片，剧院内挤满了期待观看的人。在日本国内，松竹帕拉蒙公司也在全国主要城市电影院放映了这部电影。

“李顿报告书”的内容

在全部行程结束后，李顿调查团从 1932 年 7 月下旬开始在北京撰写报告书。当时北京霍乱盛行，禁止食用水果与冰块之类的食物。报告书于 9 月 4 日完成并被送往日内瓦，9 月 30 日提交给中日两国，10 月 1 日便早早地在日内瓦出版了。这就是包括地图在内共计 148 页长文的“李顿报告书”。

另一方面，在这份“李顿报告书”完成并被送至日内瓦期间的 9 月 15 日，日本政府承认了“满洲国”。这是再次向国际联盟和国际社会表明日本态度之举。

关于九一八事变的调查结果，报告书记载如下：

首先，关于 9 月 18 日日本的行动报告书写道，“当天夜晚上述日军的军事行动不得被视为合法的自卫措施”，拒绝认可日本方面的主张。其进一步论述称，“‘满洲事件’是史无前例的”，这一地区存在着非常复杂的问题，如果将‘满洲’地区分离而使其独立的话，将来会引发非常棘手的“民族统一主义分离运动”（irredentist）问题。

此外，报告书承认了日本在这一地区存在经济上的利害关系，但同时针对“满洲”是“日本的生命线”且该地区对于日本的安全和繁荣十分重要的主张，报告书提出了质疑，认为军事占领“满洲”这一付出巨大代价的政策对于日本的安全有害而无益。另外，报告书还反驳了日本提出的将“满洲”问题限定为中日两国间问题的主张，认为中日问题对于国际社会而言是事关“国际性利益”的重要问题，对国际联盟介入日中问题予以了肯定。

总而言之，报告书拒绝承认日本自9月18日以来的行动系正当行为的主张，另一方面，对日本在“满洲”拥有特殊权益这一情况表示了一定的理解。

作为结论，报告书认为，虽说应该考虑到日本和“满洲”的历史关系，但作为此次的解决方案，提出了有必要在中日之间缔结新的条约且新条约要与《国联盟约》、《非战公约》和《九国公约》保持一致的意见。

报告书并未采纳在巴黎和会之前日本以本国立场为基础的双边条约方式（《日俄条约》、对华“二十一条”和《石井-兰辛协定》），而是将新的多边条约体制作为解决事态的基准，否定了日本的主张。

给日本的建议——完全否认“满洲国”

“李顿报告书”是依据《国联盟约》第十五条第三项规定制作的“调查记录”，虽然内容上提出了解决方案，但并不是理事会的决定。以该“调查记录”为基础，依据《国联盟约》第十五条第四项之规定制作了“载有建议的报告书”。国际联盟希望通过让当事国接受这份“建议”的方式实现争端的解决。

对当事国而言，在本国立场和主张是否能够得到国际联盟认可这一正当性问题上非常重要。此外，如果被认定为违反建议而发动战争的情形，会使得国际联盟发动制裁在制度上变得可能，因此在现实政策层面上获得认可也是极其重要的。

日本为了应对在理事会上“李顿报告书”的审议，派遣了精通英语的政治家松冈洋右为代表，并准备了针对“李顿报告书”的意见书。1932 年 11 月 9 日，松冈携意见书抵达巴黎。经过修改，意见书于 11 月 18 日被提交。这份意见书反复强调鉴于“满洲”事态极其复杂而无法以常规的国际关系处理方式对待，其中写道，“以维持及承认‘满洲国’为基础解决事态并不违反任何国际义务的根本原则”，执意坚持主张“满洲国”的存续。

从 11 月 21 日召开理事会开始，松冈和顾维钧展开了激烈的争论。松冈认为中国正处于无秩序状态，针对日本的排外运动不断高涨，此外，松冈还主张“满洲国”的建立系在“满洲”的分离独立运动。对此，顾维钧指出，即便中国处于混乱状态也不能视为日本武力侵略是正当的，而妨碍中国局势稳定的障碍正是日本的侵略。

1932 年特别大会　该会议在国联理事会难以解决九一八事变的背景下召开，会议通过了由十九人委员会审议“李顿调查报告书”并提出建议决议案的决定。

理事会没有找到解决问题的突破口，依据《国联盟约》第十五条之规定，采纳了理事会主席提出将审议移交至大会的提案。结果，12 月 6 日特别大会召开。在大会上，英国外交部长西蒙主张稳健的政策，但大多数都倾向于采纳“李顿报告书”的提议。最终，该特别大会通过了由十九人委员会审议“李顿报告书”并提出建议决议案的决定。

李顿调查团在日内瓦报告

在十九人委员会会议上，作为进一步的程序，由比利时（主席）、英国、法国、西班牙、捷克斯洛伐克组成的起草委员会负责起草建议决议。但是，原定于 12 月 20 日的十九人委员会由于之前的讨论没有找到解决问题的突破口，因此被延期至 1 月 16 日。在此期间，委员长和国联秘书长与当事国之间进行了交涉。

尽管在秘书长德拉蒙德和国联政治部长杉村阳太郎之间尝试就十九人委员会和日本之间的主张达成妥协，但并未能奏效。从 1 月 16 日始重新召开的十九人委员会在 2 月 4 日通过了由起草委员会制定的“依据《国际联盟盟约》第十五条第四项的国际联盟大会报告书”。令日本难以接受的是该建议决议完全否定了“满洲国”的合法性，其指出“‘满洲’的主权属于中国”，且国际联盟“无论出于法律上抑或事实上的考量皆应当继续拒绝承认上述制度〔‘满洲国’〕”（国际联盟协会《退出国联相关各类文件》）。

日本的退出

在此期间，作为日本政府的方针，退出国联的政策逐渐形成。随着国际联盟对九一八事变审议的推进，日本退出国联的可能性逐渐显露，1932 年 8 月 27 日制定的“从国际关系看时局处理方针”也暗示了局势正朝着不利于日本继续留在国际联盟的方向发展。

进入 1933 年，随着日本的立场无法得到国际联盟认可的可能性越来越高，日本国内主张退出国联的呼声也日渐高涨。最终在 2 月 20 日，在斋藤实首相主持下通过了退出国联的内阁决议，并立即传达给了驻日内瓦的日本代表部。

21 日，国联大会在日内瓦召开，决定于同月 24 日对报告书和建议案进行讨论。其后，2 月 24 日上午十点半大会正式召开。当天，自 1926 年德国加入以来大会会场的旁听席再次座无虚席。

报告书的表决结果很快就出来了。42 票赞成，1 票（日本）反对，1 票（泰国）弃权，报告书的建议获得了通过。

尽管日本代表团即将退出会场，但在此之前日本全权代表松冈洋右“以他独有的饶舌腔调发表了慷慨激昂的演说”（佐藤《国际联盟的回忆》）。松冈提及了在中国的非法行为，强调了中国的特殊情况。此外还提到中国驻有外国舰船，以及

1927年在南京发生的与英美有关的冲突，论述称日本的行动与列强在过去所采取的行动没有任何区别。

另外，松冈还主张日本的行动属于自卫，指出在《非战公约》的缔结交涉之时，关于行使自卫权的问题美国国务卿曾论述称自卫权的行使委之于各国自行判断。尽管松冈的演讲纯系其个人表演，但在向各国代表宣传日本的立场问题上发挥了一定的作用。

关于松冈的演讲，佐藤尚武结合时任日本外务省情报部顾问美国人弗雷德里克·摩尔（Frederick Moore）的言论，做了如下描述：

> （摩尔言道）“松冈的英语演讲是很可怕（terrible）的演讲。自己也感到震惊。但有一点值得我钦佩，那就是他的勇气”。松冈对此付之以苦笑。我虽然没有资格评论英语演讲，但在美国人听来，或许就是这样。
>
> （佐藤，同上）

对于长期以来倡导解决“满蒙”问题的日本而言，松冈的演讲和退场闹剧也许是宣泄心中愤懑的行为。然而，国际联盟的理解却是与之截然相反。佐藤对于日本代表团退场时的场景描绘称：“在极其悲壮的气氛笼罩之下，主席伊曼斯也悄然目送着我们的离去。”（佐藤，同上）。

日本在完成了从大会退场的表演之后，3月27日，通过致电德拉蒙德秘书长的方式正式宣布退出国联。然而作为常任理事国的日本，其退出国联的代价并不限于日本自身，对于国际联盟而言也是非常巨大的。

争端应对的局限

九一八事变是事关国际联盟威信和原则的重大问题。

尽管日本的国联代表部倡导政府提出的“不扩大方针”，然而军部对此却视而不见，并逐步扩大了在“满洲”的军事行动。另一方面，在国际联盟内部大国的步调也未能达成完全一致，并邀请非成员国美国参与。然而作为在当时拥有十年以上历史的国际组织，国际联盟的根基逐渐确立，主张国联审议中制度上的透明性、程序上的适当性与民主性，这些主张在中小国家之中尤其强烈。

在同样牵涉常任理事国的 1923 年意大利科孚岛事件中，最终以大国为中心的大使会议解决了争端，但在 1931 年大使会议并没有发挥作用，大国外交失去了制度性基础。九一八事变爆发后，虽然也试图推行大国外交，但中小国家抗议十分强烈。因此，体现国际联盟民主性的“十九人委员会”这一多人委员会承担了审议的主体工作。

另外，当时中国是国联的非常任理事国，在中日关系问题上无论日本如何描绘中国的情势混乱，在中国是一个完全的主权国家问题上国际联盟从未有任何怀疑。正如前章所述，中国和国际联盟的合作关系通过在卫生领域的行政合作取得了进展。

1929 年，世界经济危机率先在美国爆发，到了 1930 年代初，各国都面临着诸多危机。然而，国际联盟却迎来了稳定的时期，作为国际社会的连带意识也不断增强。在这样的“国际舆论”引起普遍关注的背景之下，即便是远离欧洲的远东问题，相比于希腊和保加利亚争端等，其不是被作为地域争端，而是被认定为是一个全球性的问题。此外，国际联盟所采取的解决方式的效果如何还存在进一步探讨的余地。因为国际联盟是通过十九人委员会这一大规模的多边框架来推进争端的应对。

历史学家克里斯托弗·索恩（Christopher G. Thorne）指出，对于九一八事变的应对暴露了国际联盟内在的本质性弱点。该观点是符合历史背景的。集体安全保障只有在大国合作的前提下才具有可能。然而在大国的步调不能保持一致，以及大国自身违反那样的原则之时，国际联盟就难以采取有效的措施。

此外，美国历史学家德纳·弗莱明（Denna Frank Fleming）曾论述称，关于1933年2月24日针对当时的日本提出报告书以及建议案的大会决议，即便是国际联盟未能阻止侵略，但该大会决议却“拯救了国际联盟自身的灵魂”。这是因为“国际联盟至少没有在日本面前屈服”（Denna Frank Fleming, *The United States and World Organization, 1920-1933*），因为依照《国联盟约》摸索通过多边框架的方式寻求争端解决的方式，对该原则予以了确认。翌日25号，美国政府发表了支持该大会决议的声明。

日本非但没有从“满洲”撤兵还退出了国际联盟的行为对国际联盟而言是一个巨大的打击。然而，不承认日本的行动，并尝试通过多边交涉解决争端的行为贯彻了国际联盟的原则，受到了国际社会的肯定性评价。

第二节　考验
——埃塞俄比亚入侵与西班牙内战

日内瓦裁军会议的停滞

整个1920年代裁军问题没有取得进展，然而在1930年12月召开的裁军会议预备会谈上就裁军会议的草案在一定程度上达成了一致。该草案就军事费用设置一定的限制、限制服兵役期限等问题做出了规定。但是，针对预备役的处理问题未能达成一致，结果导致采用短期征兵制的国家可以保持数倍于现有实力的兵员规模。另外，关于用于武器的物资和用于整备空军战力的材料的限制也未能达成一致。

历经了上述过程之后，从 1932 年 2 月 2 日至次年 6 月 11 日，以英国前外交部长亚瑟·亨德森（Arthur Henderson）为主席，召开了由 64 个国家参加的日内瓦裁军会议。美国和苏联也参加了会议，没有参加的只有厄瓜多尔（当时是非成员国）、萨尔瓦多、尼加拉瓜和巴拉圭四个拉丁美洲国家。不仅与会国家和政治家数量众多，还聚集了大批新闻记者、和平运动团体、退役军人团体等，如此庞大的规模和极高的关注度是自巴黎和会以来最大的一次国际会议。然而在这场国际联盟建立以来一直期盼的裁军会议召开的第一天，正处在一·二八事变的高潮，国联理事会为了讨论上海的空袭问题，裁军会议的召开被迫推迟了一个小时。

在此次裁军会议上，各国还提出了与预备会谈达成一致的意见没有关系的各式各样的提案。苏联外交部长李维诺夫认为，和平是密不可分的，应该禁止所有的军备。呼吁"打破凡尔赛体系"并高举民族主义大旗的德国代表 J. H. 伯恩斯托夫（Johann Heinrich von Bernstorff）提出了军备对等的要求（至于"对等"具体意味着什么尚不明确）。法国则主张禁止攻击性武器，建议成立国际警察部队并将其置于国际联盟的领导之下。

这些提案难以达成一致，讨论也未取得进展，而打破这个僵局的是 1932 年 6 月中旬美国总统胡佛的提案。胡佛提案提出将陆海空军全部削减 1/3，且禁止攻击性武器和空袭。胡佛提案内容明晰且具有现实可能性。

意大利、德国和苏联对于该提案表示了关切，但法国认为安全保障作为裁军的应对方案无法得到确保，因此表示反对，日本也表示反对。此外，对于一些军备规模较小的国家而言，削减1/3军备事关重大，因此也有很多国家表示反对。英国最终也转变为反对该提案。结果，胡佛提案并没有取得任何实质性成果。

希特勒政权退出国联

1933年1月，正值日内瓦裁军会议进行期间，希特勒（Adolf Hitler）在德国取得政权。1933年1月也被历史学家扎拉·斯坦纳（Zara Steiner）称为“欧洲国际政治史的转折点”。呼吁“打破现状”、倡导对外扩张主义的希特勒政权开始向巴黎和会以来的国际秩序发起正面挑战。

墨索里尼政权下的意大利也将裁军会议的代表由对国际联盟表示理解的迪诺·格兰迪（Dino Grandi）换成了称不上是亲国联派的伊塔洛·巴尔博（Italo Balbo）。

在裁军的推进问题上英国和法国两个大国之间的合作十分重要，然而英国仍然拒绝对法国的防卫提供保障。结果，1933年6月11日，裁军会议宣布休会。

如上所述，在裁军会议未能有效发挥作用的情况下，德国退出国际联盟的问题也成了议论的焦点。同年秋天，德国就军备对等要求与英国进行的协商停滞不前，同时在九月份的国联大会上德国涌出的难民问题遭到了批判，伺机而动准备退出国联的希特勒认为这是绝佳时机。此外，考虑到内政上的因素，此时也正需要一些辉煌的外交成果。

由此，1933 年 10 月 14 日，德国单方面宣布退出裁军会议。紧接着在同一天，希特勒在柏林通过无线电广播向德国国民宣告退出国际联盟。

希特勒从一开始就主张打破凡尔赛体系与德国扩张，为此宣告了与成为本国军备扩张之枷锁的国际联盟的决裂。在这之后一周的 10 月 21 日，德国正式宣布退出国际联盟。

沃尔特兹这样写道："日本和德国并非认为国际联盟毫无用处而选择退出。而是因为国际联盟成了他们发展道路上的障碍而选择退出。"（Walters，同上）。此后不久，1936 年，日本与德国通过签订《反共产国际协定》的方式实现了联合。

伊拉克、苏联的加盟

在日本和德国这样的大国相继退出国际联盟的同时，1930 年代前半叶也有一些新加入国际联盟的国家。1931 年 9 月墨西哥，1932 年 7 月土耳其，10 月伊拉克先后加入国联，曾于 1920 年退出的阿根廷也在 1933 年重新加入国联。

在这些国家之中，伊拉克的加入在国联历史上具有深远的意义。伊拉克自巴黎和会后被置于国际联盟的委任统治之下，英国系对其进行委任统治的受托国。然而对英国而言，对于伊拉克的委任统治不仅造成了巨大的财政负担，也招致了国民的反感，遂决定终止了委任统治。尽管国联委任统治委员会认为伊拉克境内依然存在少数民族保护问题，并在其加盟国联之时要求其予以改善，但作为旧委任统治国伊拉克的正式加盟印证了委任统治不同于殖民地统治，受到了国际联盟和委任统治支持者的欢迎。

此外，1934 年 9 月苏联的加入对于国际联盟而言尤其值得重点关注。国际联盟创立之初，苏联对于国际联盟持批判的立场，这也是因为国际联盟自身具有封锁苏联的反共特质。然而德国希特勒政权的诞生使苏联感受到了危机，作为维持和平的手段，苏联希望国际联盟能够发挥相应的作用。

1933 年 12 月 25 日，斯大林（Joseph Stalin）对《纽约时报》驻莫斯科特派记者说，“如果国际联盟能阻止战争，苏联则将对国际联盟表示支持”，对加入国联表示出了兴趣。

而对于国际联盟而言，为了避免德国的退出造成国际联盟进一步影响力的弱化，支持苏联加入的呼声也日益高涨。1934 年 9 月，在国联大会上针对苏联加盟问题进行了讨论。鉴于在墨西哥和土耳其加入国联之时，各国不是以申请方式加入，而是以国际联盟邀请的方式加入，国联考虑对于苏联是否能援引这一惯例。此外，吸取围绕德国加盟国际联盟曾一度陷入纷争的经验教训，国联在该问题上主张采取慎重且周全的应对策略。最终，在 34 个国家赞成邀请苏联加盟的基础上，国联向苏联发出了邀请函。对此，苏联回应称，愿意遵从《国联盟约》，遵守国际义务和承诺。

苏联加盟时的国联大会（1934 年 9 月 18 日）

9 月 18 日的国联大会上，39 个国家赞成苏联加盟，3 个国家反对，7 个国家弃权，得票数达到了 2/3，苏联的加盟获得了认可。在投票之前，西班牙代表取得了发言的机会，要求苏联政府认可信教自由不限于天主教而是包含整个基督教。

另外，同时还就将苏联列为常任理事国问题进行了投票，40 个国家赞成，10 个国家反对，苏联成功当选常任理事国。由此可知，大多数国家赞成将苏联列为常任理事国表明各国在认可苏联大国地位问题上达成了一致。至此，国联常任理事国成员为英、法、意、苏四国。

在苏联加盟获得认可的当天，苏联代表李维诺夫在国联大会上发表了首次演讲。他表示，苏联曾对国际联盟怀有猜疑，但通过参加经济会议和裁军会议，逐渐认识到苏联和国际联盟之间存在着共通的关切的问题，期待国联在防止战争的问题上能够发挥作用。

此外，被派遣到国联秘书处的苏联职员并没有引人注目的活跃表现。此时苏联正处在斯大林发动的肃反清洗运动时期，整体上欠缺有能力的青年才俊。国际联盟也不倾向于在委任统治委员会和儿童福祉委员会中任命来自苏联的委员。其原因在于担心苏联从其社会主义立场出发提出激进的意见。

德拉蒙德的卸任

1933 年、1934 年，接连发生了日本、德国的退出以及苏联的加盟，大国的退出与加入甚是激烈，在此期间，秘书处首脑也发生了更替。从 1932 年就已经表明要辞去秘书长一职的德拉蒙德于 1933 年 6 月 30 日正式卸任秘书长，法国的约瑟夫·艾冯诺接替德拉蒙德出任秘书长。

J. 艾冯诺（Joseph Avenol）（1879~1952 年） 第二任国联秘书长，法国银行家出身，1922 年接替 J. 莫内加入国联财政部门，曾协助匈牙利、希腊和保加利亚的财政重建，是著名的反共主义者。

德拉蒙德为国际联盟做出了巨大的贡献。德拉蒙德以其担任英国政府官僚的经验为基础，制度性地完备了国联秘书处，确立并践行了秘书处的运营方针。在其任职期间确立了国联秘书处作为内部机构不得对外，而主要责任和决定由理事会或大会负责的方针。然而，实际上在国际联盟推进各项政策的过程之中，秘书处开展的调查与立项是十分重要的部分，秘书处在德拉蒙德的领导下聚集了大批优秀的职员。如上所述，保健部的拉西曼（波兰）、运输部的索尔特（英国）、信息部的斯威彻尔（美国）等，在预算和人员均有限的情况下向各机构和各委员会提出重要的政策建议，经理事会和大会的批准之后付诸实践。

关于德拉蒙德其人，曾在其手下任职的杉村阳太郎称赞道，“（我）未曾见识过像他那样才能出众的长官，未曾侍奉过像他那样诚挚而勤奋的上司，未曾领略过像他那样让人感受熏陶的人格。”（杉村《国际外交录》）。凭借这样卓越的能力和踏实稳健的工作作风，德拉蒙德也成了贝尔福、斯特雷泽曼、白里安等政治家高度敬佩的人物。

德拉蒙德的继任者艾冯诺从 1923 年开始就在秘书处内协助德拉蒙德，是在国际联盟久经锤炼的秘书处职员。由于其拥有在秘书处长期工作的经验，被认为是能当此任的合适人选，

1932 年 12 月的大会上全体一致同意任命其为继任秘书长。然而艾冯诺却有着极强的反共主义倾向。

在此之前，秘书处首脑体制由秘书长、副秘书长（第一副秘书长，——译者按）、3 名副秘书长构成，在 1920 年代形成了由五大常任理事国出任的惯例。然而，3 位副秘书长的职位虽说是政治性任命的职位，其对国际联盟的重要性并不十分明显。由此，1932 年新增设了两名副秘书长，由西班牙人和意大利人出任。新的执行部相比于旧的执行部在人员构成上外交官较少，从事实际业务的职员较多。这在提高国际联盟独立性的同时，也意味着对各国的影响力在逐步减弱。

意大利入侵埃塞俄比亚

继九一八事变、日本退出国联、裁军会议休会、德国退出国联之后，意大利对埃塞俄比亚的入侵（埃塞俄比亚战争）再次给国际联盟带来了巨大的冲击。

1934 年 12 月 5 日，在非洲的埃塞俄比亚（当时的阿比西尼亚）和意属索马里兰边境附近的瓦尔瓦尔（Wal Wal，——译者按）地区意大利和埃塞俄比亚爆发了冲突事件（瓦尔瓦尔事件，Wal Wal Incident，——译者按）。历史上这也是一个冲突频发的地区，但这次并不是在边境附近发生的偶发性事件，而是意大利领土野心的产物。在意大利，墨索里尼的法西斯政权以军部为中心，从 1930 年代初便开始制定侵略埃塞俄比亚的计划。

1935 年 3 月 17 日，埃塞俄比亚依据《国联盟约》第十五条向国际联盟提出通过仲裁解决事件的请求。国联在意大利和埃塞俄比亚之间设立了仲裁委员会，尝试推动和解，但却因为意大利提出了谢罪、巨额经济赔偿、向意大利国旗敬礼等诸多要求使得和解陷入了停滞。结果，由于1935年9月3日仲裁委员会发布的结论含糊不清地宣称在瓦尔瓦尔事件问题上双方都没有责任，仲裁最终失败了。

在国际联盟进行和解尝试的同时，英、法两大国也在为这一争端的解决努力。此时也是通过国际联盟的制度框架和大国居间调停两种方式来寻求解决方案。1935年8月16日，英、法、意之间开始协商，英、法向意大利提出了埃塞俄比亚能够做出最大限度让步的条件，但意大利拒绝接受。

在此前后，意大利在东非开始加强军备，而英国舆论对埃塞俄比亚表示了同情，同时期待国际联盟处理该争端的呼声也开始高涨。而对于面临德国破坏《凡尔赛和约》军备条款与退出国联的国际联盟而言，该事件也成了检验国际联盟有效性的试金石。此时，英国外交部长塞缪尔·霍尔（Samuel John Gurney Hoare）与驻国联代表安东尼·艾登（Robert Anthony Eden）正是所谓的国联协调派。

然而，结果则是英国在批评意大利的行动的同时，也要求埃塞俄比亚进行改革，认为“落后国家”接受发达国家的指导也是势所必然。从对德战略的观点出发，英国希望能够避免与意大利正面为敌。对此，苏联代表李维诺夫在9月5日的理事会上发表演讲称，“引导落后的国家，传播先进的文明，应该使用军事手段以外的方式。军事行动只有用于自卫时才能被容许，国际联盟不能忘记这一原则。”（Walters，同上）

经济制裁的首次适用

1935年10月3日，意大利重新发起进攻之后，7日，国联理事会认定意大利发动战争违反了《盟约》第十二条关于和平解决争端之规定。认定违反第十二条也就意味着国际联盟可以施以制裁。由此，国际联盟历史上首次适用了规定制裁的《盟约》第十六条。

意大利代表在 10 月 10 日的大会上发表反驳演讲指出，1928 年的玻利维亚 · 巴拉圭争端并没有适用制裁，为何此次要对意大利施以制裁？对此，也出现了表示赞同的国家。此外，瑞士代表莫塔表示，从中立的立场出发瑞士不赞成施以制裁。

结果，出席此次大会的 54 个国家之中，50 个国家赞成理事会的决定。瑞士表示不参与制裁，而阿尔巴尼亚、奥地利、匈牙利 3 个国家考虑到与意大利的关系，反对施以制裁。

当时，相比于拥有 80 万兵力的意大利，埃塞俄比亚只有 36.5 万兵力，同情埃塞俄比亚的国际舆论日渐高涨。这种舆论动向也是促使实施经济制裁的重要因素。

国际联盟在大会进行投票后开始采取实施制裁的行动，设立了执行制裁的禁运委员会（十八国委员会）。首先是禁止向意大利运输武器和弹药，其后依次是不得提供借款、对来自意大利的商品实施一定程度上的进口限制、实施对重要物资的禁运并扩大禁运的对象。

国际联盟向非成员国也提出了协助请求，得到了美国和埃及的赞同。11 月 2 日，加拿大代表提议扩大禁运物品项目，建议将石油及其相关产品、煤炭、钢铁列入禁运品类。然而英法不同意将石油纳入禁运物资之中。这是因为意大利此前就曾表示，如果将禁运对象扩大到石油领域，则会将之视为对意大利的宣战。

英法并没有做好与意大利全面开战的准备。英国设想过在与意大利发生战争的情形下请求法国的协助，虽然法国回应称将会全面协助英国，但无法在封锁苏伊士运河问题上提供协助。最终，就是否将石油列入禁运名单问题各方意见未能达成一致，而在此期间，意大利在埃塞俄比亚的战事正取得节节胜利。

吞并埃塞俄比亚

1931 年，国际联盟在讨论九一八事变问题之时，曾摸索过十九人委员会这种包括中小国家的多边解决途径。然而，在意大利入侵埃塞俄比亚问题上，更多的是在国际联盟之外以包含当事国在内的英、法、意三大国会谈、交涉的方式展开。而对于这种以大国为中心的解决方案各中小国家并没有提出异议。11 月 18 日，比利时首相甚至宣称，如果英法两国已然耗费时日摸索该问题的解决途径，那么在某种程度上国际联盟将此事委之于英法也未尝不可。

由此，在英法的主导之下于 12 月出台了以两国外交部长冠名的《霍尔-赖伐尔协定》（Hoare-Laval Pact，——译者按）。该协定承认将埃塞俄比亚领土的一半以上置于意大利的统治之下，事实上是对意大利军事行动成果的认可。12 月 9 日，霍尔-赖伐尔方案被法国报纸泄露之后埃塞俄比亚政府当即拒绝了该提案，英国舆论对霍尔-赖伐尔方案的批评也呈现高涨态势。霍尔辞任之后，艾登接替其出任外交部长。

国际联盟层面则是继续就石油禁运问题进行讨论。英国驻国联代表艾登接到了来自政府支持石油禁运的训令，但是法国则认为石油禁运并不能起到任何效果。最终，1936 年 3 月 3 日，国际联盟向意大利与埃塞俄比亚发出停战并开始交涉的提议，埃塞俄比亚于 5 日、意大利于 8 日先后同意了停战交涉提议。

另外，3月7日，希特勒宣布对《凡尔赛和约》中指定为非军事区的莱茵兰地区进行重新军事化。英、法担心通过石油禁运向意大利施加压力会导致作为对德包围战线一角的意大利倒向德国。最终，石油禁运问题、停战谈判未能取得进展，意大利重新发动进攻，5月2日，埃塞俄比亚皇帝海尔·塞拉西一世（Haile Selassie I）流亡海外，5日，首都亚的斯亚贝巴沦陷。5月9日，意大利宣布吞并埃塞俄比亚，战争宣告结束。

国际联盟认识到战争已然结束之后，于7月撤销了对意大利的制裁。继九一八事变之后，对于常任理事国意大利发动的侵略，国际联盟未能找到有效的解决途径。尽管基于《国联盟约》的原则对意大利施加了经济制裁，但是最重要的物资——石油被排除在外，使得意大利能够成功地将违反了《国联盟约》的对外侵略活动进行到底。

西班牙内战

从九一八事变、埃塞俄比亚战争的结果可以看出，国际联盟未能成功解决大国挑起的战争。步入1930年代后期，欧洲爆发了西班牙内战，亚洲爆发了中日战争，国际联盟同样也未能对这两次战争采取有效的措施。

1936年7月17日，西班牙的弗朗西斯科·佛朗哥（Francisco Franco）将军发动了针对西班牙共和国政府的叛乱。原本只是西班牙的内战，然而德国、意大利、葡萄牙选择支援佛朗哥，苏联则支持共和国政府，内战由此发展成了国际性的问题。

9月，在法国的倡议下由27个国家组成的不干涉委员会在伦敦成立，决定不得为佛朗哥或共和国政府任何一方提供武器支援。但是，由于德国和意大利没有参与该委员会，因而继续向佛朗哥方面提供武器，结果该不干涉政策给共和国政府造成了不利局面。9 月末，西班牙本土的 2/3 已然被佛朗哥的军队占领。11 月 18 日，德国和意大利承认了佛朗哥政权，西班牙政府随即就德、意的干涉行为向国联理事会提出申诉。然而，国联理事会仅仅只是谴责了德、意的介入，未能采取实质性措施。

据推测，在西班牙内战中，德国大约投入了 1 万多兵力，意大利则投入了 7 万~10 万兵力，两国对佛朗哥方面的支持是确凿无疑的。

1936 年 10 月，在西班牙首都马德里濒临沦陷之际，苏联撤回了不干涉政策，开始向共和国政府提供武器援助。1938 年，共和国政府向国联大会提出申诉，大会通过决议称，如果德、意从西班牙撤退，国联将解除武器禁运。然而，在佛朗哥一方的胜利变得确定无疑之后，1939 年 2 月，英法承认了佛朗哥政权，同年 5 月，佛朗哥政权宣布退出国际联盟。

中日战争

西班牙内战爆发一年后的 1937 年 7 月 7 日，在亚洲，中日军队在北京郊外的卢沟桥发生冲突，不久便演变成了全面性战争。[①]

8 月 30 日，中国依据《国联盟约》第十条、第十一条、第

① 1937 年 7 月 7 日夜，日军借口在卢沟桥附近演习时有士兵“失踪”而要求进城搜查，由于遭到中国北平守军的拒绝而开枪射击，并进而炮轰宛平城，震惊中外的“七七事变”爆发。其后，随着日本不断增兵，中日战争最终全面爆发。——译者按

十七条之规定向国际联盟提起申诉。大会上各国压倒性地向中国表示了同情，并于10月6日通过了谴责日本对无防备城市发动空袭的决议。然而国联也并未能在谴责决议基础上采取更进一步的措施。

中日战争全面爆发之后，1938年8月30日，中国依据《国联盟约》第十六条之规定要求国联对日本实施制裁。9月30日，国际联盟发表宣言称，日本违反《国联盟约》的规定发动战争，国联成员国有权利采取第十六条中规定的手段。

然而此时，各成员国正全神贯注应对西班牙内战与德国吞并苏台德地区的问题，无暇顾及远东地区局势。在阻止日本侵略以及给中国提供实质性援助这一点上，国际联盟未能发挥实质性的作用。不过，此时国际联盟对日本违反《国联盟约》的认定，在第二次世界大战结束后成了远东国际军事审判（东京审判）讨论日本战争责任问题时的重要法律判断（依据）之一。

其间，在中日战争持续发展的过程之中，国际联盟对中国的技术援助也在继续进行。保健部的拉西曼进一步强化了与国民政府的关系，为避免日本侵略行为引发难民感染疾病的相关措施在国际联盟的协助之下得以推进。由国际联盟负担费用向当地派遣专家团队等对中国的援助一直持续到了1940年末。

走向制裁的非义务化

在取消对意大利入侵埃塞俄比亚的制裁之后，国际联盟就集体安全保障体制的未来发展进行了讨论。由于在九一八事变以及埃塞俄比亚战争中国际联盟的建议与制裁未能发挥作用，因此，在1936年7月的特别大会和9月的大会上讨论了是否应当对《国联盟约》做出符合现实的修改的问题。

在9月的大会上设立了国联改良委员会，继续讨论该问题。但由于系事关国际联盟原则的问题，各国的立场也存在差异，因此未能轻易地得出答案。在国联改良委员会的讨论中提出了如下意见：

1. 将《国联盟约》与《凡尔赛和约》分离。

2. 确立国际联盟的普遍性。

3. 强化对战争的预防，但在战争开始后并不重视制裁。

4. 注重和平性变更，对维持现有条约并不太重视。

5. 制定区域性协定，除了与该地域内争端相关的情形，不得施以制裁。

以上述论点为基础，1937年9月的大会上展开继续讨论，但讨论仍然难以达成一致。例如，英国、加拿大、澳大利亚、比利时等欧洲小国、拉丁美洲各国支持国际联盟应当具有普遍性。此外，智利代表提议称，如果要讨论国际联盟的未来，那么也应该听听已经退出国联的国家的意见。

对于智利的这一主张，苏联代表李维诺夫表达了强烈的反对，中国、西班牙、波罗的海各国、土耳其、伊朗、伊拉克、法国对此表示赞同。他们认为，日德意三国悍然与国际联盟对立并发动了侵略行为，向他们寻求意见无异于是承认集体安全保障体制的失败。

1937年9月8日，国联改良委员会英国代表罗伯特·亚瑟（克兰伯恩子爵）（Robert Arthur〈Viscount Cranborne〉），针对国际联盟未来发展的方向问题整理了一份报告。其中，克兰伯恩子爵提出了“强制性的国际联盟”“协调性的国际联盟”“中立性的国际联盟”三种可能性。“强制性的国际联盟”是指承袭迄今为止的《国联盟约》，“协调性的国际联盟”是指不强制实施制裁。而“中立性的国际联盟”方案则指协调是强制性的，但并不强制实施制裁。

一年之后的1938年9月大会召开，此时围绕德国吞并捷克斯洛伐克问题国际社会笼罩在紧张的气氛之中。此次大会为过去两年有关国际联盟和集体安全保障问题的讨论画上了句号，最终发表宣言称，是否适用《国联盟约》第十六条由各成员国自行判断。亦即，宣告了不对成员国施行强制制裁。

正如沃尔特兹所言，由此表明“大会放弃了《盟约》”（Walters，同上），寄予国际联盟集体安全保障之理想就此破灭。

第三节　日益扩大的课题
——经济·社会·人道层面

应对世界经济大萧条

步入1930年代，如前所述，日本退出国际联盟、裁军会议遭遇挫折等一系列事件的发生使得国际联盟面临巨大困境。在此前后，受到大萧条的影响，贸易量减少、产量下滑等问题持续恶化。1933年6月12日，为了应对全球经济不景气问题，在国际联盟的主办之下，有64个国家出席的伦敦世界经济会议召开。

为了促进国际贸易发展，通货的稳定成了重要议题，但此次会议几乎没有取得任何成果就闭幕了。法国、意大利、荷兰、比利时、瑞士等国主张金本位制，与此相对，美国于4月17日宣布脱离金本位制。此时，美国对于通过国际性努力的方式克服经济危机的做法态度消极，对于开展国际性公共事业也持反对态度。

关于这次会议，很多人持悲观态度，认为仅仅是开会之后又闭会了而已。担任捷克斯洛伐克代表的总统托马斯·马萨里克（Thomas Masaryk）发表意见称，“未来的国际性合作非常重要”，但却未能实现实质性合作。1934年7月，国联秘书处报告称，“经济民族主义的动向正在增强”，然而，围绕多大程度上有必要介入、规制国际经济及其可能性问题国际联盟未能给出答案。

《营养报告》的成功

尽管国际联盟在世界各地扩散的战争和严峻的经济萧条面前显得毫无作为，但似乎在社会和人道主义领域找到了其安身立命之处，1930年代中期各类事业的开展也得以步入正轨。

例如，1937年2月，亚洲的相关国家齐聚一堂，在荷属东印度（现印度尼西亚）的万隆召开了关于女性人身买卖问题的会议，8月，同样在万隆召开了关于农村卫生问题的会议。第二次世界大战之后的1955年亚非会议得以在万隆召开与这些战前开展的国际性努力也不无关系。

在卫生领域，国联保健机构最大的功绩之一在于为维生素和胰岛素等各要素的内容构成制定了统一的标准。为明确维生素A和维生素C究竟是怎样的物质，在各国政府相关部门、研究机关、相关产业等的参与之下，相关工作得到了推进。

1935年10月，包括非成员国美国、日本、巴西、埃及在内的24个国家代表聚集在一起召开了政府间会议，就这些要素的标准问题达成了一致意见。此外，这些要素的样品得以储存在伦敦的国立医疗研究所，同时建立了在各国相关机构提出要求时能够予以提供的机制。1939年第二次世界大战爆发后，伦敦变得岌岌可危，将这些样本转移到拉丁美洲的研究所的筹备工作也得以完成。

由此，随着这些社会、人道领域事业的蓬勃发展，国际联盟推动国际合作的具体方法也出现了变化。不再像以往那样邀请政府代表召开大规模官方会议，而是摸索在非官方层面上寻求合作关系。

例如，在此前后，国际联盟讨论了外国人受到滞留国和本国双重课税的问题。关于该问题专家们拟定了条约草案，但并不是在多国间会议上将其正式提出，而是从解决方法的角度作为一个模板被提出。设置了政府间交涉的平台，但不是直接向政府游说，而是采取了通过专家讨论提议的方式。

此外，关于国际联盟提上日程的问题，对与各国普通民众息息相关的课题也得到了讨论。例如营养问题。虽然从1920年代开始保健机构已然展开了关于各国状况的研究，但经济大萧条又带来了很多新的问题。由于农产品的生产过剩导致食物价格下降，在调整生产与抬高物价的政策执行过程中，大多数国家的普通民众陷入了营养不足的困扰。

鉴于此种状况，澳大利亚代表布鲁斯在1935年大会上提议开展有关营养问题的讨论。不限于保健机构，国际劳工组织（ILO）、国际农业组织（IIA）、儿童福祉委员会、国际智力合作委员会等汇集了多个专门机构参与该问题的讨论。

在两年的时间里营养委员会积极开展活动，出版了题名为

《营养报告》法文版（左）和英文版（右）

《健康、农业、经济政策与营养的关系》（《营养报告》）的报告书。此外，该报告书还出版了面向普通大众的小册子，该小册子也创造了国际联盟面向普通大众出版物中销量最高纪录。报告书中关于为维持健康应该摄取哪些营养元素以及摄取多少营养元素问题做了明确的说明，在各国引起了广泛的关注。国际联盟还致力于推动各国建立营养委员会，在 1935 年布鲁斯提出方案时只有 4 个国家建立了营养委员会，而 4 年后则增加到了 30 个国家。

如上所述，在《营养报告》公开发布的 1937 年至 1939 年第二次世界大战爆发期间，各国对营养问题的关注迅速高涨。此外，这一时期的研究还表明在亚洲和非洲正面临严重的营养不良与饥饿问题。

但颇具讽刺的是，在战争开始后该《营养报告》被作为食物配给制度的标准加以使用。

对文化遗产和教育的关注

即便是在 1930 年代后半期，以国际智力合作委员会为中心，致力于文化与知识分子交流的智力合作活动得以继续展开。

在战争即将到来之际，国联重点关注了文化遗产的保护问题。鉴于第一次世界大战期间各国宝贵的文化遗产遭到破坏的经验教训，围绕能否通过各国合作来保护文化遗产的问题展开了讨论。

1937 年 11 月与 1938 年 4 月的会议上，国际智力合作委员会的成员与专业民间团体国际博物馆机构的职员、希腊驻国联代表波利蒂斯，以及常设国际法院法官查尔斯·德·维斯切尔（Charles de Visscher）等国际法方面的专家共同探讨了具体的条约草案。会上确认了各国对其拥有保存价值的文化遗产进行物理性保护的义务。

依据国际智力合作委员会的表述，条约起草者十分重视“艺术和文化遗产的保护是整个国际社会普遍关注的事业”之原则。亦即，“艺术珍宝存在于各国国境之内，这些国家仅仅只是监护人，而整个国际社会都对此负有责任”（League of Nations, *International Intellectual Co-operation*）。其核心理念在于，各国的艺术、文化遗产不仅仅是隶属国家的财产，更是全人类的遗产。

虽然最后完成了条约草案，但在召开国际会议之前需要寻求各国的协助，为此，会议延期至了 1939 年初。然而第二次世界大战的爆发使得会议未能召开。虽然如此，战后联合国教科文组织（UNESCO）提出了世界遗产的概念，而国际联盟下设的国际智力合作委员会的努力奠定了该概念的基础。

另一方面，讨论展开知识分子跨国界对话之必要性的《公开信》（Oper Letter）系列也得以出版发行。作为其中的一环，1934 年以《东洋与西洋》为题的英国文化人士吉尔伯特·默雷与印度诗人泰戈尔（Rabindranath Tagore）之间的信件对话也被制作成册并出版发行。

此外，在文献学与翻译事业方面，各国的文学作品被翻译成其他文字。例如，日本的作品方面，《芭蕉之俳谐与其弟子们》（*Haikai de Basho de ses disciples* 1936 年，152 页）被译成法文出版。绘制其插画的是フジタ（推测应为藤田嗣治）。另外，1939 年，夏目漱石的《心》也被堀口大学与乔治·波诺（Georges Bonneau）合作翻译出版。

在教育领域，1920 年代以来围绕着“教科书的修订和历史教育”的讨论一直在持续。国际智力合作委员会委托各国委员会开展对历史教科书的记述内容进行调查。德法学者之间发生的有关历史的讨论也被报道出来。受此动向的影响，1933 年 10 月，阿根廷与巴西之间在政府层面签署了“关于修订历史和地理教科书的协议”。

其他方面，国际智力合作委员会计划于 1939 年发行关于历史教育与教科书的书籍。该书籍在整理汇集各国历史教育内容的基础上，阐述了如果修改教科书的情形下会带来什么样结果的问题。但是，该书的出版由于第二次世界大战的爆发而未能实现。

悲观论之中的启蒙工作

正是因为国际联盟迎来了其困难的历史时期，为了让普通民众知晓国联的活动，国联信息部重点开展了宣传与教育活动。通过强化面向一般大众的活动，为国际联盟赢得支持，信息部倾注了大量心血。

事例之一，面向普通民众介绍国际联盟的袖珍版书籍得以发行。在日本宣布退出国际联盟的1933年春，国联秘书处内部的悲观论调迅速高涨。由此，国联信息部尝试浅显易懂地向普通民众介绍国际联盟的活动，为此，决定出版发行《国际联盟的基本问题》（*The Aims and Organization of the League of Nations*），以代替已经绝版的《国际联盟的目的与组织》（*Essential Facts about the League of Nations*）。

英文和法文版本的第一版早在同年夏已出版发行，此后成了连续性的刊行出版物，并最终以五国语言（英、法、德、意、西五国语言）出版发行。值得关注的是，1935年信息部进行的调查表明，该出版物在中国获得了广泛的传播，然而从日本得到的回答（三越书籍部，1935年4月26日）则表明几乎并不知道该刊物的存在。该袖珍版的《关于国际联盟的基本问题》至今依然作为联合国的出版物得以继续发行。

1920年代开始的面向青少年宣传国际联盟的活动也得以延续。1934年7月，国联召开了“关于国联教育的咨询委员会”第一次会议。该委员会由国际智力合作委员会、ILO（国际劳工组织）代表、相关NGO（非政府组织）代表等共计二十名成员组成，其中大部分都是来自欧洲国家的代表，但也有来自印度和美国的代表。

该委员会上的讨论指出，由于国际联盟并不是行使强制力的机构，因此，将作为《国联盟约》根本的正义、国际合作理念传达给青少年是十分重要的。各国国民从本国中心的视角出发思考问题是理所应当的事情，然而社会、经济和政治问题是具有国际性特质的，这一点有必要予以传授。同样在 1934 年 7 月，讨论公共教育问题的国际会议在国际教育局的主办下召开，日本和中国也参加了此次会议。

经过上述讨论之后，题名为《国联教育指南》（*Bulletin of the League of Nations Teaching*）的年刊从 1934 年 12 月开始发行。该刊物虽然是作为《教育概览》（*Educational Survey*）的后续刊物发行，但其中传递的关于国际联盟的和平理念成了贯穿该刊物的主线。《国联教育指南》的最终号（1939 年 12 月）在认识到过去一年的国际局势十分严峻的同时，指出“智力生活受到的威胁越大，国际协调的必要性也就越高”。

虽然不能断言这就是宣传活动的成果，但即便是在 1930 年代中期，英国舆论界对于国际联盟的期待依然十分强烈。

1935 年 6 月，英国的国际联盟协会组织了一场名为“为和平投票”的舆论调查活动，旨在理清英国与国际联盟的合作、应对侵略的理想措施等问题的舆论倾向。结果，1100 万人参与了投票。在活动资金并不宽裕的情形下，多达 50 万的志愿者参与了活动，协助投票用纸的分发与回收工作。6 月 27 日公布的投票结果表明，关于经济制裁，1000 万人赞成，635000 人反对，关于军事制裁，6784000 人赞成，2351000 人反对。从英国舆论层面而言，各国依然对于集体安全保障抱有期待。

国际联盟的智力合作活动与宣传工作未能阻止民族主义的高涨是不争的事实。然而，也有观点提出，在国际联盟的理念所波及的国家内表现出了与第一次世界大战时期截然不同的兴盛精神面貌，培育出了某种宽容性。

国联改组与“布鲁斯报告”

在 1930 年代后期，国际联盟在实务层面发挥了作用的是上述非政治性的社会、人道和知识领域。像这样的活动领域的变化也昭示了国际联盟组织发展的新方向。

在原有的制度中，理事会被赋予了很大的权限。如果得不到理事会的认可，也无法开展关于新问题的活动，报告书也是在获得理事会认可之后首次作为国际联盟的官方报告书刊印发行。而且，理事会优先处理政治性问题，出席理事会的人员也以外交官和政治家居多，因此，对于非政治性领域的问题并不十分关切。由此，从当时的政治状况出发，萌生了设立与国际联盟不同的负责经济、社会问题的专门性组织的想法。例如，比利时国王利奥波德（Leopold III of Belgium）和首相保罗·范泽兰（Paul van Zeeland）就认为，如果是独立于国际联盟负责处理经济、社会问题的组织，则有可能获得德国与意大利的合作。

经过了上述讨论之后，1938 年的大会决定就国际联盟的社会、经济活动向非成员国寻求意见。然而，日、德、意三国并未给予答复，只收到了来自美国的回应。

1939 年 2 月 2 日的回电中，美国国务卿科德尔·赫尔（Cordell Hull）表示，国际联盟应在人道、科学领域担负起责任，美国希望国际联盟能向着该方向发展，对此美国也做好了合作的准备。赫尔的回复不仅为国际联盟的争论画上了句号，也在这个走向战争的时代为国际联盟带来了一线曙光。

1939 年 5 月 23 日，艾冯诺秘书长就有关国际联盟改组问题的讨论向理事会咨询了意见，并设立了一个委员会。该委员会尤其对于建立专门性处理经济、社会问题组织的可能性进行了讨论。为此，任命了以前澳大利亚总理布鲁斯为首的六名委员，委员会于 8 月在巴黎举行了会议，并汇总完成了报告书。

S. 布鲁斯（1883~1967 年）

8 月 2 日，通称为《布鲁斯报告》的方案公开发布。其内容为，在国际联盟内设立一个新的组织——经济社会问题委员会。经济社会问题委员会由各国财政部长、卫生部长等出席，非成员国也同样可以参与。

正如沃尔特兹所言，“与其说这是一个全新的方案，毋宁说是 20 年活动开展得出的结论”（Walters，同上），国际联盟在第二次世界大战爆发前夕，在社会、经济问题上找到了自身活动的意义。

但是，该改革方案的成果最终未能付诸实践。在《布鲁斯报告》发布的第二天，德国与苏联签订了《互不侵犯条约》，十余日之后德国军队入侵波兰，第二次世界大战爆发了。

1930 年代的剧变

1930 年代对于国际联盟而言是一个艰难摸索的时代。

尽管国际联盟依据《国联盟约》耗费时日对九一八事变进行了审议，依然未能解决争端，日本最终退出了国联。在九一八事变的审议进入尾声的 1933 年 1 月，曾反对《凡尔赛和约》的希特勒获得政权。国际联盟成了德国重整军备与对外扩张政策的障碍，10 月，德国宣布退出国联。其后，因入侵埃塞俄比亚而被国际联盟实施经济制裁的意大利也于 1937 年 12 月宣告退出国际联盟。概言之，作为常任理事国的三个国家相继向国际联盟举起了反旗，选择了脱离国联。

另外，日、德、意三国相互之间加强了合作关系，1936 年日本与德国签署了《反共产国际协定》，1937 年 1 月意大利也加入了该协定，日德意《反共产国际协定》成立。与从一开始就没有加入国际联盟的美国以及因常任理事国问题而退出的巴西不同，日、德、意三国是在向国际联盟倡导的防止战争和维护领土完整的根本原则发起正面挑战，日、德、意三国“退出”国际联盟的同时也意味着“反对”国际联盟。

既然德国已然退出了国际联盟，英法就只得选择通过大国外交的策略来试图维持欧洲的和平。最初，英法接受了德国的要求，推行妥协让步的绥靖政策。1938 年 9 月，在英、法、德、意四国参加的慕尼黑会议上，认可了将苏台德地区（捷克斯洛伐克的一部分）割让给德国。而作为当事国的捷克斯洛伐克竟然没有被邀请参加此次会议。历史学家斋藤孝论述称，“对国际联盟最为忠诚的小国捷克斯洛伐克未能就事件向国际联盟提起申诉，而其命运则是被大国会议所操纵”。（《两次世界大战期间的国际政治史》）

其后，德国无视《慕尼黑协定》，于 1939 年 3 月将捷克斯洛伐克全境置于其统治之下，同时向立陶宛和波兰提出了割让领土的要求。在英国国内呼吁对德采取强硬政策的声音不断增强的背景下，1939 年 3 月 31 日英国向波兰承诺在其独立受到侵犯之时提供援助，随后，4 月 13 日英国给予了罗马尼亚和希腊同样的保证。法国也紧随其后。

另外，苏联自 1934 年 9 月加入国联以来一直致力于改善与各成员国之间的关系。然而，英法对于与苏联合作实施对德政策态度消极。围绕苏台德地区问题与德国的谈判，英法将苏联排除在外，苏联并没有被邀请参加慕尼黑会议。结果，苏联加入国联的举动并未能打消英法对苏联的警惕。与之相反，在此期间苏联对英法的不信任感日渐加深，并开始摸索接近德国的政策。这也最终促成了 1939 年 9 月 23 日《苏德互不侵犯条约》的签订。

结语　从国际联盟走向联合国

——第二次世界大战期间的活动与终结

大战前夕的密集退盟

1938 年 3 月 13 日，德国宣布吞并奥地利，奥地利的国联成员国身份也随即被停止。尽管奥地利在大会上主张其作为成员国之身份，但最终仅获得了观察员国的地位。1939 年 3 月，捷克斯洛伐克被德国占领，4 月，阿尔巴尼亚被意大利占领，皆失去了作为国联成员国的地位。值得一提的是，1940 年捷克斯洛伐克流亡政府在伦敦建立，其国联成员国身份也随即获得了认可，并出席了 1946 年 4 月最后的国联大会。

匈牙利于 1939 年 2 月宣布加入日德意《反共产国际协定》，4 月，宣布退出国联。3 月，西班牙内战也以佛朗哥一方的胜利而告终，5 月，西班牙宣布退出国联。

另外，拉丁美洲国家也出现了退出国联的现象。1938 年 6 月智利，7 月委内瑞拉，其后 1939 年 4 月秘鲁先后宣布退出国联。造成这一现象的主要原因有：第一，考虑到与欧洲局势保持一定的距离；第二，在西班牙内战问题上，国际联盟表现出了倾向共和国政府的姿态，被认为有亲苏倾向；第三，1938 年 12 月，富兰克林·罗斯福政权下的美国在秘鲁利马召开会议，推行加强西半球各国团结的政策。这一系列因素最终加快了部分拉美国家退出国际联盟的步伐。

在上述各国接连退出国际联盟的过程中，和平时期最后的理事会于1939年5月召开。如第四章所述，3月31日，英国给予了波兰在其受到攻击时将提供援助的保障，在该5月的理事会演讲中英国外交部长爱德华·弗雷德里克发表宣言称，英国给予的保障“符合《盟约》之精神”，英国誓将贯彻国际联盟之原则。

第二次世界大战爆发

1939年9月1日，德国入侵波兰，3日，英法向德国宣战，正式拉开了第二次世界大战的序幕。此时，英法并不是依据《国联盟约》，而是依据《非战公约》以及与波兰的保障条约向德国宣战，并没有把与德国的战争作为正式议题提交国际联盟处理。英法担心如果提交国联处理，会引发成员国承担集体性义务的问题。

国联总部所在的瑞士在欧洲战争爆发后立即宣布了中立，但仍维持了其国际联盟成员国的身份。然而，瑞士政府也顾虑到在保持中立的情形下继续在日内瓦召开国际联盟的会议是否可能的问题。瑞士虽有反纳粹情绪，但其反共主义舆论也非常强烈，也曾批评国际联盟具有亲苏倾向。事实上，早在开战之初，秘书长艾冯诺就曾考虑过将秘书处迁移到法国南部的维希。

在第二次世界大战期间，国联秘书处也并没有完全关闭。尽管各国的驻国联代表大多都回到了本国，专家委员会在缩小规模的基础上继续召开会议。因为预算的执行依然需要召开大会来讨论，因此，1939年12月大会得以召开。在德国于1940年5月入侵法国之前的“奇怪的战争”（英法虽对德国宣战，但双方并没有发生直接的交战）期间，在日内瓦的国联秘书处对于战争爆发的切实感受并不明显。

驱逐苏联

1939 年 11 月 30 日，苏联入侵芬兰，芬兰政府于 12 月 2 日向国际联盟提出申诉，秘书长随即召开了理事会和大会。此次大会在 12 月 11 日至 14 日的会议期间通过了谴责苏联的决议。在 12 月 14 日的理事会上，通过了将苏联从国际联盟中予以驱逐的决议。这也是国际联盟历史上首次对成员国进行驱逐。

国联理事会讨论决定驱逐苏联（1939 年 12 月 14 日）

该决议虽由全体会议一致通过，但也有一些国家弃权或缺席。支持驱逐苏联的决议虽说是全会一致通过，但也只有英国、法国、南非、比利时、玻利维亚、多米尼加、埃及（1937 年 5 月加盟）共计七个国家。虽然《国联盟约》中并没有援助受侵略国家的规定，但在此时国际联盟对援助芬兰进行了讨论，实际上也有国家对其提供了物资援助。

1940 年 5 月，德国入侵荷兰、比利时、卢森堡、法国，随着战争扩散到整个欧洲，国际联盟面临的困境进一步加剧了。首先，邀请各国代表召开大会和理事会事实上不再可能，因此必须采取替代方案。对此，在 1939 年底的大会上新设立了“管理委员会”，决定以此替代大会和理事会的职能。

该管理委员会由挪威的卡尔·约阿希姆·汉布罗（Carl Joachim Hambro）担任主席，来自英国、法国、荷兰、阿根廷、比利时、墨西哥、加拿大、印度、芬兰的委员根据情况参加。管理委员会以开展非政治性活动为目的，以最低限度的费用运行，战争期间在伦敦、里斯本等地召开了 12 次会议。

部分搬迁与秘书长的更迭

1940 年 6 月，德国占领法国，意大利对英法宣战，日内瓦陷入了孤立状态。为了继续展开活动，国际联盟被迫加速了秘书处的搬迁工作。

此时，普林斯顿大学高等研究所和洛克菲勒财团提出了将国联秘书处迁移至美国东部的普林斯顿的建议。秘书长艾冯诺最终决定放弃整体搬迁，而是将其中部分机构——经济、财政、运输部门迁至普林斯顿。于是在 1940 年夏末，国联秘书处部分机构横渡大西洋搬迁至了非国联成员国美国。其后，财政部迁至难民局活动的伦敦，药物部门迁至华盛顿，国际劳工组织（ILO）将总部迁至蒙特利尔，国际联盟的各个部门分散在了各地并形成了各自的活动据点。到 1940 年末，即便包括分散到美国和英国的人员在内秘书处职员总数不足 100 名，减少至全盛时期的 1/7 左右。

秘书处的部分搬迁工作完成后，1940 年 8 月 31 日，艾冯诺辞去了秘书长职务。作为法国人的艾冯诺认为，法国在被德国占领并成立维希政府之后就很难再向国际联盟提供协助。艾冯诺在退任后回到了法国，但又担心遭到德国的拘禁，于 1943 年 12 月 31 日流亡到了瑞士。

爱尔兰人肖恩·莱斯特（Seán Lester）成了继任代理秘书长。莱斯特系为“九一八事变”提出解决方案而成立的十九人委员会成员，在担任但泽市高级事务官之后，自 1936 年始在艾冯诺手下出任副秘书长职务。

S. 莱斯特（1889~1959 年） 第三任国联秘书长，爱尔兰记者出身。1929 年任爱尔兰驻国联代表，1933 年开始任国联职员，大战期间没有离开日内瓦，并代理秘书长一职。在最后的国联大会上仅担任了一天的秘书长。

在第二次世界大战期间，国际联盟也遭遇到了财政上的困难。如上所述，虽然战争期间也在伦敦、里斯本以及美国召开了会议，而为此需要支出会议召开的费用以及向秘书处职员发放工资。战争时期许多国家都没有缴纳分担费用，1940 年国联的分担费用收入下降至了总预算金额的 50%，直接危及国际联盟能否继续开展活动。

之后的统计显示，1940 年至 1945 年期间的收入总和达到了分担费用的约 66%，其中的 74% 系由英国及英联邦国家支付的。虽然英国和英联邦国家需要负担沉重的战争费用，但依然继续缴纳分担会费。

另外，此前工作中积累的剩余资金也用于各地开展活动以及维持日内瓦总部。战争期间进行的许多活动都是维持统计记录之类最低限度的活动，但在普林斯顿则围绕战后规划问题开展了实质性的讨论。

美国国内对国际组织的支持

虽然美国没有加入国际联盟，但在战争期间以国际联盟协会之类的民间团体为中心，致力于推广国际联盟的精神与活动。1939 年 9 月第二次世界大战爆发之后，11 月，来自国际联盟协会、大学、妇女协会、基督教女青年会（YWCA：Young Women's Christian Association，——译者按）等团体的有志于和平事业的人士组织集会，探讨成立推进和平事业组织的讨论会正式召开。1940 年 1 月，该讨论会通过哥伦比亚广播公司（CBS：Columbia Broadcasting System，——译者按）网络组织开始向全美进行名为“为了永久的和平”的无线播报。该项目是周六下午六点半开始的十五分钟节目，因为评价良好，春季又制作了面向大学生的第二档节目。

国际联盟的支持者向美国国民指出，美国未能参加国联是一个错误，为了避免重蹈同样的错误，对美国而言在第二次世界大战后参加国际组织十分重要。受到这种主张、运动以及欧洲战局报告的影响，原本强烈支持孤立主义的美国舆论也开始发生变化。1941 年 5 月的舆论调查显示，支持美国参加战后国际组织的为 38%，反对的为 39%。历史学家罗伯特·迪万（Robert A. Divine）关注到了上述美国国内围绕建立战后国际组织问题的舆论对抗，认为其表明了美国国民开始冲破孤立主义束缚的趋势。

美国国务院方面，国务卿赫尔 1940 年 1 月开始组织了讨论战后和平的团体，1941 年发展成为战后国际机构小委员会。此外，与第一次世界大战期间的强制和平联盟类似，詹姆斯・肖特韦尔（James T. Shotwell）领导的和平组织研究委员会（Commission to Study the Organization of Peace，——译者按）、以约翰・福斯特・杜勒斯（John Foster Dulles，后来的国务卿）为首脑的正义与永久和平委员会（Commission on a Just and Durable Peace，——译者按）等众多的民间团体就国际组织问题展开了反复的讨论。国务院在参考这些民间团体讨论的基础上，筹备制定新的国际组织构想。然而另一方面，总统罗斯福对战后国际组织问题并没有十分明确的表态。

如上所述，美国之所以未能加入国际联盟是由于国会反对所导致的。为此，为了确保国会支持战后的国际组织，在战争期间便开始了针对国会的游说工作。1943 年 9 月，美国国会众议院就国际组织的创设及支持问题进行了表决，结果以 360 票对 29 票的巨大优势通过了该决议。11 月，同样的决议案也在美国参议院以八十票对五票获得通过。

1944 年夏天，围绕战后世界组织的形式问题引发了争论，成了进一步提升美国国民关注的问题。在罗斯福政权下担任副国务卿的萨姆纳・威尔斯（Sumner Welles）撰写的《决断时刻》一书成了销量达 50 万册的畅销书。其在书中论述称，经历了第二次世界大战的美国应当告别孤立主义并转而参与世界局势。与此相对，在第一次世界大战时期与威尔逊一同支持国际联盟的报社记者沃尔特・李普曼（Walter Lippmann）于 1944 年 9 月出版了《美国的战争目的》一书，主张在安全保障问题上应该汲取国际联盟的失败教训。李普曼反对新的国际组织，相反认为应该加强地区性措施。

尽管也存在李普曼这样的观点，但 1945 年 4 月的舆论调查显示，赞成美国加入国际组织的比率已然高达 81%。

三巨头达成一致

建立战后国际组织与建立国际联盟时的情况不同，是以美英苏为中心预先就建立联合国的问题相互交换了意见。

在美国政府内部，对战后国际组织持积极态度的是国务卿赫尔。因为健康原因，赫尔此前从未乘坐过飞机，但为了讨论与苏联的合作以及战后国际组织问题，1943 年 10 月 7 日赫尔乘机飞往莫斯科。

作为此次莫斯科会谈的成果，10 月 30 日，美国国务卿、英国外交部长、苏联外交部长、中国驻苏联大使联合发表了就建立战后国际组织达成一致的“莫斯科宣言”。对于这份喜悦，赫尔在其回忆录中写道，“（宣言）署名结束之后，我真的很感动。在签署的时候我想起了自己为支持国际联盟而做出的长期努力。（中略）苏联摄影师在记录这一情形时，我情不自禁地感到这是在记录一个历史性的时刻。”（Cordell Hull, *Memoirs of Cordell Hull*）

莫斯科会议之后约 1 个月的 11 月末的德黑兰会议上，美英苏三位首脑罗斯福、丘吉尔（Winston Churchill）、斯大林以朴实无华的言辞宣布了战后的合作体制。当时，罗斯福向斯大林试探性地提出了“四大警察”构想，亦即，美英苏中四国应该发挥维护世界秩序稳定的作用。

由此，大国之间就战后建立国际组织问题达成一致之后，1944 年 8 月至 10 月，在华盛顿郊外举行的敦巴顿橡树园会议上讨论了具体的制度内容问题。此时，参加讨论的也是上述四大国。在此次会议中，决定了战后国际组织由安全保障理事会、大会、秘书处及法院构成。而成为争论焦点的是大国的特权地位，即否决权的问题。苏联主张在任何问题上大国都应享有否决权，并拒绝让步，但美国和英国则主张当大国成为争端当事国之时就不应承认其否决权。

围绕否决权的讨论，在 1945 年 2 月，延续到了与德黑兰会议一样由美英苏主导的雅尔塔会议上。最后的结果是，关于程序性事项上承认大国的否决权，但在实质性讨论事项问题上不承认否决权，常任理事国在成为争端当事国的情形下则被要求弃权。

需要指出的是，从国际联盟的经验中认识到大国一致行动重要性的人物之一，是在第一章中也曾提及的对国际联盟之创立做出了贡献的南非的史末资。史末资曾向丘吉尔言道，从美国没有加入国际联盟以及日德接连退出的教训中可以看出，比起形式上的地位平等，将苏联留在国际组织里更加重要。

联合国的创设

如上所述，在大国主导之下开启了联合国的创立之路。1945 年 4 月 25 日始，由 50 个国家参加的联合国创设会议在旧金山的歌剧院召开。虽然德国的投降近在咫尺，但会议召开之时太平洋战争还在持续。在旧金山会议上，由于来自拉丁美洲各国对于大国否决权问题怀有疑虑，为此添加了有关地域协定与集体自卫的相关条文。经历了一系列讨论之后，由十九章一百一十一条构成的《联合国宪章》于 6 月 26 日通过，10 月 24 日生效，由此，联合国得以创立。

在联合国制度层面上大国的地位得到了进一步巩固，但整体上延续了国际联盟时代的组织体系。然而理事会变成了安全保障理事会，其权能得到了强化。此外，《联合国宪章》中构想了由成员国提供军队组建联合国军，从这个层面上而言，可以说（联合国）强化了国际联盟的功能。另一方面，新设立了独立机构经济及社会理事会。

上述联合国的制度设计问题上，就新设立的经济及社会理事会这一点而言，系沿袭了第四章所述的“布鲁斯报告”。但另一方面，从制度性地强化了集体安全保障功能这一点而言，联合国并没有吸取该报告中指出的相比于安全保障层面国际联盟在社会经济层面更加实际有效的教训。其中反映了这样一种观点，即美国的加盟能带来安全保障功能的强化，由此，也才能够实现联合国的成功。

史末资也出席了旧金山会议，坦率地承认了国际联盟在防止战争这一最关键领域的失败，并对联合国提出期望称，“真让人感到可悲，《国际联盟盟约》不过是一个里程碑。《联合国宪章》也许也是一个里程碑，但期待其能带来巨大的意义”（*United Nations Conference on International Organization*）。

为联合国的创立发挥巨大作用的美国国务卿赫尔也写道，“我们不应当期待联合国能够带来奇迹。《联合国宪章》是人类制定的，注定了其有不完美之处。联合国高效地运转离不开时间（的考验）、耐心及国家间协调之精神”（Hull，同上）。这两位政治家心中对于联合国之期望略带压抑之情。

最后的国际联盟大会

虽然《联合国宪章》已于1945年10月24日生效，但国际联盟尚未正式解散。国际联盟依然是拥有43个成员国的国际组织。相应地，从联合国创立的1945年10月24日至国际联盟解散的 1946 年 4 月 18 日，出现了联合国与国际联盟两个国际组织并存的现象。

在联合国筹备委员会上曾讨论过关于如何终结国际联盟的问题。其间，有意见提出，在联合国筹备委员会所在地伦敦召开国际联盟大会，在大会上发表解散国际联盟的宣言便足矣。该提案遭到了英国政府的诺埃尔·贝克（Philip Noel-Baker）和欧内斯特·贝文（Ernest Bevin）的反对，其主张应当在日内瓦召集各国代表召开国际联盟大会，最后的国际联盟大会应当是本着向国联致敬而予以召开。

鉴于此，1946 年 4 月 8 日至 10 日期间，最后的国际联盟大会在日内瓦的国联总部召开。35 个国家派代表参加，其分别为：爱尔兰、阿富汗、阿根廷、英国、伊朗、印度、乌拉圭、厄瓜多尔、埃及、澳大利亚、荷兰、加拿大、古巴、希腊、哥伦比亚、瑞士、瑞典、捷克斯洛伐克、中国、丹麦、多米尼加共和国、土耳其、新西兰、挪威、巴拿马、芬兰、法国、比利时、波兰、玻利维亚、葡萄牙、南非联邦、墨西哥、南斯拉夫、卢森堡，奥地利则派遣了观察员参会。曾在战时出任管理委员会委员长的挪威代表汉布罗当选国联大会主席。

在此次大会上讨论了国际联盟总资产的清查以及由联合国继承的问题。此后，还讨论了关于是否应当将秘书处剩余现金向各国分配、返还的问题。截止到该次大会召开之日，挪威和瑞士忠实地缴付了 1946 年度的分担费用，捷克斯洛伐克缴付了年度分担费用的 1/2，类似地，比利时缴付了年度分担费用的 1/3。其余未缴纳的分担费用将不再追究。

大会上各国代表发表了演讲，其中最为精彩的当属英国代表塞西尔的演讲。从国联盟约讨论委员会开始便参与国际联盟工作，并出席了首届国联大会的塞西尔虽已年届 81 岁高龄，依然坚持参加了最后的大会，见证了国际联盟的最后时刻。

塞西尔认为，国际联盟的功绩在委任统治、社会·人道领域较为显著，但成员国间合作的不足导致了国联的失败。其进一步分析称，《国联盟约》与《联合国宪章》相比较而言，《联合国宪章》明确阐述了强制力是维持和平的必要前提。另一方面，其认为只要各国依然坚持只有军备才能确保本国的安全保障，那么世界将永无和平可言。其演讲的结论部分强调了舆论、教育在维持世界和平中的重要性。最后，其以名言“国际联盟虽落下帷幕，联合国将永放光芒”结束了演讲。（League of Nations, *Official Journal*, *Special Supplement*, 1946 年）

4 月 18 日，召开了大会最后的会议。在最后的会议上依然充满了对于国际联盟的赞誉之词，列举了众多为国际联盟做出贡献人士的名字。

最后，以汉布罗主席的演讲结束了此次大会。汉布罗言道，“值此国际联盟历史的最后时刻，我们决不能忘记美国总统威尔逊。他的名字将永远铭刻于日内瓦。”在其演讲结尾部分，汉布罗借用美国大学毕业仪式被称之为“新生事物的开始（commencement）”的说法指出，“对于吾辈而言今日便是毕业仪式。国际联盟虽然解散了，但新的任务开始了。自今日起，吾辈当勠力同心为联合国的繁荣而奋斗。〔中略〕在此，我宣布国际联盟第二十一届大会暨最后的大会闭幕。”（League of Nations，同上）

4 月 18 日同日，代理秘书长莱斯特被任命为第三任秘书长，次日 19 日莱斯特在国际联盟解散的同时辞去了秘书长之职。莱斯特也成了在国际联盟史上只正式出任过一日的秘书长。

随着秘书长的辞任，4 月 19 日，国际联盟 26 年的历史落下了帷幕。

对于国际联盟的评价

国际联盟设立之初的目的在于防止战争与推动裁军。然而第二次世界大战的爆发这一历史事实意味着国际联盟最终未能实现其预期的目的。成员国相互之间约定保障领土完整，对于违反约定的国家国际联盟整体施以制裁的集体安全保障的尝试进展并不顺利。作为发挥集体安全保障功能前提的裁军迟迟得不到推进，侵略（尤其是常任理事国发动的侵略）发生之后国际联盟无法采取有效的应对措施。

此外，我们也不应当忘记，对于九一八事变、埃塞俄比亚战争、苏芬战争这些大国发动的战争，国际联盟做出了“正”与“邪”的价值判断。虽无法防止战争，但绝不承认侵略战争，国联成员国整体谴责了日本，对意大利施以制裁，将苏联从国联除名。有鉴于此，可以认为国际联盟贯彻了其原则，但其原则的践行则非常困难。

为何在践行防止战争政策问题上如此困难？难道是国际联盟建立的制度存在缺陷？还是因为成员国，尤其是大国对于制裁措施不够积极？抑或是如同日德意的事例，在大国一旦强化军备并决意开战的情形下战争就不可避免了吗？

这些疑问在联合国创立之初便已然被提及，其成立之后也是讨论的焦点。故此，联合国通过继承并强化国际联盟倡导的集体安全保障的方式推动制度构建。强化安全理事会的权限，另外虽然由于冷战而事实上未能付诸实践的联合国军制度也被写入了《联合国宪章》，亦即，有必要为国际组织配备“尖牙利齿”的理念被吸纳进了《联合国宪章》。

总体而言，如本书所论，国际联盟所留下的具体成果主要体现在社会、人道层面。在保健卫生、难民、智力合作等领域国际联盟创造的制度、机制影响至今，事实上，正是由于国际联盟的活动使得很多传染病患者得以获救，很多难民移居他国也成为可能。1938 年，鉴于对来自德国日益增加的难民实施的救济活动做出的贡献，国际联盟难民事务所获得了诺贝尔和平奖。在这些领域里，以国际联盟为中心，不仅各国政府间的“行政性协调”取得了进展，政府与国际非政府组织、国内民间团体之间的合作、协助关系也得以推动与发展。

旧国际联盟总部（现为联合国日内瓦秘书处）

例如，在智力合作领域，作为国际联盟的专门机构，在巴黎设置了国际智力合作研究所，而作为该研究所在各国相应的支部，各国国内设立了智力合作国内委员会，旨在推动各国间的知识对话与学术交流。民间层面，为推广国际联盟的思想、理念设立了国际联盟协会，各国国际联盟协会齐聚一堂的国际大会也得以召开。当探讨美术馆、图书馆的交流等具体性课题之时，国际智力合作研究所、国际博物馆机构、各国美术馆团体都会派代表参与讨论。

在其他领域也存在与这些非政府组织、各国民间团体之间的合作。在保健卫生领域，形成了国联保健机构与各国研究所的合作网络。在国际联盟这一核心的引导之下，在各领域、各问题上政府、民间层面上的交流变得愈加活跃，其网络体系的完备得以推进。概言之，在推动国际关系组织化这一点上，国际联盟的作用应当给予肯定性的评价。

此外，从《国联盟约》及据此运行的国联大会、理事会的讨论、践行以及常设国际法院的设置中可以看出，在国际关系中构建起了普遍性的法律秩序是国际联盟留下的值得肯定的遗产。虽然此前已然存在由各国之间缔结的约定具体权利、义务关系的条约体系，但并不存在以国际社会整体为对象构建的法律秩序。由于《国联盟约》屡遭侵犯，其也曾被批判为仅是一纸空文。但是由于几乎所有成员国都尊重《国联盟约》，《国联盟约》是值得守护的认识得到了广泛传播。从这个意义上而言，国际联盟为国际社会中规范秩序的构建做出了贡献。

虽然国际联盟是人类社会首个普遍性的国际组织，但不可否认国际联盟在地理上以欧美为中心，也是以欧洲为中心的事实。最初的国际联盟构想便是以英美为中心推动的，但由于美国未能成为成员国，启动国际联盟并推动其发展的任务落到了欧洲各国身上。正如国联理事会恰似欧洲首脑会谈一般，国际联盟正是由于欧洲各国的合作才得以发展，反之，也可以说国际联盟的活动也有推动欧洲各国合作关系进一步深化的一面。

战后欧洲地域统合得以推进，而其前身正是国际联盟时代欧洲各国的合作。

第二次世界大战之后，欧洲各国陷入凋敝，国力下降，战后国际政治的中心转移到了美国与苏联。新设立的联合国总部也设置在了被誉为“新大陆”的纽约。国际组织总部从日内瓦转移至纽约这一现象意味着联合国正是新的国际政治现实的反映。

国际联盟是一个仅有 26 年历史的组织。信仰国际联盟的理念并为其事业倾注心血的英国政治家、外交家塞西尔谈到国际联盟时形容其为一场“实验”。实验自然便难以预料成功与失败。没有国际联盟便没有联合国这一普遍认识表明，建立、维持常设的普遍性国际组织，并使其通过联合国得以延续是国际联盟留下的另一项功绩。

在 20 世纪初，革命、战争、帝国主义的暴风雨交织的 19 世纪之前的世界向推动世界和平制度化发展的动向日渐明朗。以第一次世界大战为契机，国际联盟得以创立，推动世界和平制度化的努力也最终开花结果。正如本书所论，该项制度并非在创立之初便已然确立，也不是一个静态的事物。国际联盟在各国错综复杂的国际政治现实面前举步维艰，在波云诡谲的两次世界大战期间将普遍性的国际组织这一制度根植于国际社会之中。

后　记

《国际联盟》的日语版最初于2010年问世。通过撰写国际联盟这一国际组织的历史，笔者希望能够重现两次世界大战期间的国际氛围。毋庸赘言，国际联盟对何种问题做出决定及其发挥了怎样的功能的问题十分重要，也是首先需要了解、认知的。然而对诸如在国际联盟工作的人在思考着什么？李顿调查团经历了一段怎样的旅程之类问题的关注甚为不足。本书尝试从这些视角出发展现出国际联盟作为一个充满生机组织的一面。毕竟，虽名为国际组织，然而实现其灵活运转的正是普通的人。

“发生了什么，以及当时的人们在事件发生之时在考虑什么”，本书希望从这两方面视角出发书写历史，以展示出更加复杂且多彩的时代环境。也正是因此，本书尤其注重诸如米勒、沃尔特兹等当时实际参与了国际联盟的人物的“言论”。

笔者关于国际联盟的研究始于博士论文完成之时（1996年），其后1998年至2002年笔者在明治学院大学国际学部讲授国际组织论，进一步从通史的视角展开了深入研究。相关成果纳入了笔者的著作《两次世界大战期间的美国法学家》（*American International Lawyers in the Interwar Years*）（2012年，英语版刊行）。

国际联盟史料馆现今位于日内瓦，笔者曾于2006年9月造访。莱蒙湖畔，可以瞭望美丽的勃朗峰（Mont Blanc）。这样一个风光明媚的城市里，很难想象在1930年代初就是在这里严肃地讨论了遥远的“满洲”问题。将距离遥远的日内瓦与“满洲”顷刻之间联系在一起，再次使我联想到将远东局势作为世界整体性问题加以探讨这一做法本身正是国际联盟意义之所在。

时代的进步对于国际关系史领域而言使得电子资料的利用逐渐成为可能，但还是无法与实物原始史料相提并论。亲手翻阅埃里克·德拉蒙德与新渡户稻造亲笔书写的史料的瞬间，宛如历史女神附体般感受到一股不可思议的力量。年复一年探访国外史料馆已颇有倦意，然本着不忘初心之意念，期待再次踏上寻访原始史料之旅途。

在上述经历之基础上，《国际联盟》日语版最终得以面世，而正值国际联盟创立一百周年之际《国际联盟》的中文版得以问世，没有什么比这更令人欣慰的了。在此，对承担本书中文翻译、出版的武汉大学历史学院牟伦海副教授深表谢意。牟老师是一名卓越而优秀的研究人员，其在早稻田大学研究生院学习期间笔者也从其研究之中受益颇多。正是得益于优秀的牟老师的翻译工作，《国际联盟》中文版才得以问世。对此，无法用言语表达我的谢意。

在欧美以及日本，近年关于国际联盟以及国际组织的研究在不断推进。来自亚洲的国际联盟成员国仅有中国、日本、暹罗（泰国）三国，而在当时的国际联盟舞台上中国也颇具存在感，是重要的成员国。在本书中文版面世之际，作为日本人研究人员想特别指出，在当时的日本论及中国之时往往会使用“北京政府”“南京政府”“广东政府”之类反映中国特殊国情的用语，然而国际联盟则是一以贯之地使用“China”称呼中国。称谓上的差异也能看出特定时代背景下日本与国联对于中国认知的不同，即国际联盟这一国际组织从始至终都是将中国作为主权国家看待。从国际关系之历史发展的广域视角出发，本书若能在中国成为推动思考国际联盟以及国际组织之一契机，则笔者亦倍感幸甚。

二〇一九年七月　篠原初枝

附　录

国际联盟成员国一览

成员	加入时间	宣布声明
爱尔兰（英国自治领）	1923 年 9 月	
阿富汗	1934 年 9 月	
阿根廷		*1
阿尔巴尼亚	1920 年 12 月	1939 年 4 月 *2
英国		
意大利		1937 年 12 月
伊拉克	1932 年 10 月	
伊朗（波斯）		
印度（英国殖民地）		
委内瑞拉		
乌拉圭		
厄瓜多尔	1934 年 9 月	
埃及	1937 年 5 月	
爱沙尼亚	1921 年 9 月	
埃塞俄比亚	1923 年 9 月	
萨尔瓦多		1937 年 8 月

续表

成员	加入时间	宣布声明
澳大利亚（英国自治领）		
奥地利	1920 年 12 月	1938 年 3 月 *3
荷兰		
加拿大（英国自治领）		
古巴		
希腊		
危地马拉		1936 年 5 月
哥斯达黎加	1920 年 12 月	1925 年 1 月
哥伦比亚		
瑞士		
瑞典		
西班牙		1939 年 5 月
苏联	1934 年 9 月	1939 年 12 月 *4
泰国（暹罗）		
捷克斯洛伐克		
中国		
智利		1938 年 6 月
丹麦		
德国	1926 年 9 月	1933 年 10 月
多米尼加共和国	1924 年 9 月	
土耳其	1932 年 7 月	
尼加拉瓜		1936 年 6 月

续表

成员	加入时间	宣布声明
日本		1933 年 3 月
新西兰（英国自治领）		
挪威		
海地		1942 年 4 月
巴拿马		
巴拉圭		1935 年 2 月
匈牙利	1922 年 9 月	1939 年 4 月
芬兰	1920 年 12 月	
巴西		1926 年 6 月
法国		
保加利亚	1920 年 12 月	
秘鲁		1939 年 4 月
比利时		
波兰		
玻利维亚		
葡萄牙		
洪都拉斯		1936 年 7 月
南非（英国自治领）		
墨西哥	1931 年 9 月	
南斯拉夫		
拉脱维亚	1921 年 9 月	
立陶宛	1921 年 9 月	
利比里亚		

续表

成员	加入时间	宣布声明
罗马尼亚		1940 年 7 月
卢森堡	1920 年 12 月	

注：未注明加入时间的均为创始成员国。＊1 1920 年第一届大会时退出，1933 年重新加入。＊2 被意大利吞并。＊3 被德国吞并。＊4 被除名。

资料来源：作者根据 *Historical Dictionary of League of Nations* 制作。

常任理事国一览

年份	国家	年份	国家
1920 年 1 月	英、法、意、日	1934 年 9 月	英、法、意、苏
1926 年 9 月	英、法、意、日、德	1937 年 12 月	英、法、苏
1933 年 3 月	英、法、意、德	1939 年 12 月	英、法
1933 年 10 月	英、法、意		

非常任理事国一览

时间	国　家
1920 年 1 月	比利时、巴西、希腊、西班牙
1921 年 1 月	比利时、巴西、中国、西班牙
1922 年 1 月	比利时、巴西、中国、西班牙
1923 年 1 月	比利时、巴西、捷克斯洛伐克、西班牙、瑞典、乌拉圭
1924 年 1 月	比利时、巴西、捷克斯洛伐克、西班牙、瑞典、乌拉圭
1925 年 1 月	比利时、巴西、捷克斯洛伐克、西班牙、瑞典、乌拉圭
1926 年 9 月	比利时、中国、荷兰、智利、捷克斯洛伐克、波兰、罗马尼亚、萨尔瓦多、哥伦比亚

续表

时间	国　家
1927 年 9 月	加拿大、智利、中国、哥伦比亚、古巴、芬兰、挪威、波兰、萨尔瓦多
1928 年 9 月	加拿大、智利、古巴、伊朗、波兰、西班牙、委内瑞拉、芬兰，罗马尼亚
1929 年 9 月	加拿大、古巴、芬兰、伊朗、秘鲁、波兰、西班牙、委内瑞拉、南斯拉夫
1930 年 9 月	危地马拉、伊朗、爱尔兰、新西兰、秘鲁、波兰、西班牙、委内瑞拉、南斯拉夫
1931 年 9 月	中国、捷克斯洛伐克、危地马拉、爱尔兰、巴拿马、秘鲁、波兰、西班牙、南斯拉夫
1932 年 10 月	中国、捷克斯洛伐克、危地马拉、爱尔兰、墨西哥、挪威、巴拿马、波兰、西班牙
1933 年 9 月	阿根廷、澳大利亚、中国、捷克斯洛伐克、丹麦、墨西哥、巴拿马、波兰、葡萄牙、西班牙
1934 年 9 月	阿根廷、澳大利亚、捷克斯洛伐克、智利、丹麦、墨西哥、波兰、葡萄牙、西班牙、土耳其
1935 年 9 月	阿根廷、澳大利亚、智利、丹麦、厄瓜多尔、波兰、葡萄牙、西班牙、土耳其、罗马尼亚
1936 年 9 月	玻利维亚、智利、中国、厄瓜多尔、拉脱维亚、新西兰、波兰、罗马尼亚、西班牙、瑞典、土耳其
1937 年 9 月	比利时、玻利维亚、中国、厄瓜多尔、伊朗、拉脱维亚、荷兰、新西兰、波兰、罗马尼亚、瑞典
1938 年 9 月	比利时、玻利维亚、中国、多米尼加、希腊、伊朗、拉脱维亚、新西兰、秘鲁、瑞典、南斯拉夫

注：非常任理事国的数量最初为 4 国，1923 年起为 6 国，1926 年起为 9 国，1933 年起为 10 国，1936 年起为 11 国。

资料来源：本表由作者制作。

国际联盟组织机构图

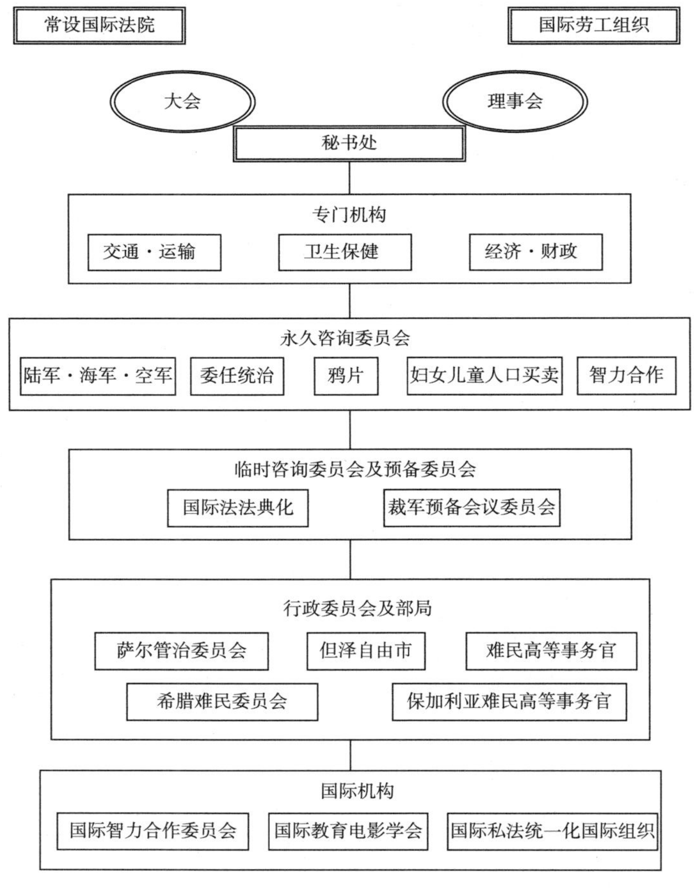

资料来源：作者基于 League of Nations, *Aims and the Organisation of the League of Nations*（1929）制作。

国际联盟盟约①

凡尔赛和约第一部・国联盟约

署　　名　1919 年 6 月 28 日（凡尔赛）

生效日期　1920 年 1 月 10 日（1921 年 10 月 21 日修改〔第二届大会〕）

日 本 国　1920 年 1 月 10 日（1919 年 6 月 28 日署名，11 月 7 日批准，1920 年 3 月 19 日批准书备案，1 月 10 日公布，条约一号。1935 年 3 月 27 日退出〔生效〕）

解　　散　1946 年 4 月 19 日

成 员 国　四十（解散时）

缔约各国，为促进国际间合作，并保持其和平与安全起见，特允承受不从事战争之义务，维持各国间公开、公正、荣誉之邦交，严格遵守国际公法之规定，以为今后各国政府间行为之规范，在有组织之人民间彼此关系中，维持正义并恪遵条约上之一切义务，议定国际联盟盟约如下：

第一条　【加盟与退出】

一、国际联盟之创始成员国应以本盟约附件内所列之各签字国，及附件内所列愿意无保留加入本盟约之各国为限，此项加入应在本盟约实施后两个月内备声明书交存秘书处并应通知

① 《国联盟约》的翻译参考〔英〕华尔脱斯《国际联盟史》（上卷），汉敖、宁京译，商务印书馆，1964，第 52~70 页。——译者按

国联中之其他成员国。

二、凡一切自治国家、自治领或殖民地为附款中所未列入者，如经大会三分之二之同意，得加入为国际联盟成员，唯须确切保证有笃守国际义务之诚意，并须承认国联所规定关于其海、陆、空、实力暨军备之章程。

三、凡国联成员国，经两年前预先通告后，得退出国联，但须于退出之时将其所有国际义务，及为本盟约所负之一切义务履行完竣。

第二条　【机构】

国联按照本盟约所规定之行动应经由一大会及一理事会执行之，并以一常设秘书处予以助理。

第三条　【国联大会】

一、大会由国联成员国之代表组成之。

二、大会应按照所定时期或随时遇事机所需，在国联所在地或其他择定之地点开会。

三、大会开会时，处理属于国联行动范围以内或关系世界和平之任何事件。

四、大会开会时，国联每一成员国只有一投票权，且其代表不得逾三人。

第四条　【国联理事会】

一、理事会由主要协约及参战各国之代表与国联其他四成员国之代表组织之。此国联四成员国由大会随时斟酌选定。在大会第一次选定四成员国代表以前，比利时、巴西、西班牙及希腊之代表应为理事会委员。

二甲、理事会经大会多数核准，得指定国联之其他成员国，其代表应为理事会常任委员。理事会经同样之核准，并得增加大会所欲选举为理事会委员之名额。

二乙、大会应以三分之二之多数决定关于选举理事会非常任委员之规则，特别是决定关于非常任委员任期及被选连任条件之各项规章。

三、理事会应随时按事机所需，并至少每年一次在国联所在地或其他择定之地点开会。

四、理事会开会时，得处理属于国联行动范围以内或关系世界和平之任何事。

五、凡国联成员未列席于理事会者，遇理事会考量事件与之有特别关系时，应请其派一代表列席理事会。

六、理事会开会时，国联每一成员列席于理事会者，只有一投票权，并只有代表一人。

第五条 【大会与理事会议事】

一、除本盟约或本条约另有明文规定者外，凡大会或理事会开会时之决议，应得出席于会议之成员全体同意。

二、关于大会或理事会之程序问题，连指派审查特别事件之委员会在内，均由大会或理事会予以规定，并由国联出席于会议之成员国多数决定。

三、大会第一次会议及理事会第一次会议均应由美国总统召集之。

第六条 【国联秘书处】

一、常设秘书处设于国联所在地，秘书处设秘书长一人暨应需之秘书及职员。

二、第一任秘书长以附件所载之人员充之，嗣后，秘书长应由理事会得大会多数之核准委任之。

三、秘书处之秘书及职员由秘书长得理事会之核准委任之。

四、国联之秘书长当然为大会及理事会之秘书长。

五、国联经费应由国联成员国依照大会决定之比例分担之。

第七条　【国联总部所在地、职员、特权】

一、以日内瓦为国联所在地。

二、理事会可随时决定将国联所在地改移他处。

三、凡国联或其所属各部门之一切职位，包括秘书处在内，无分男女，均得充任。

四、国联成员国之代表及其办事人员当服务国联时应享有外交特权及豁免。

五、国联或其人员或出席会议代表所占之房屋及他项产业均不得侵犯。

第八条　【缩减军备】

一、国联成员国承认为维持和平起见，必须减缩各本国军备至适足保卫国家安全及共同履行国际义务的最少限度。

二、理事会，应在估计每一国家之地理形势及其特别状况下，准备此项减缩军备之计划，以便由各国政府予以考虑及施行。

三、此项计划至少每十年须重新考虑及修正一次。

四、此项计划经各政府采用后，所定军备之限制非得理事会同意，不得超过。

五、因私人制造军火及战争器材引起重大之异议，国联成员国责成理事会筹适当办法，以免流弊，惟应兼顾国联成员国有未能制造必需之军火及战争器材以保持安全者。

六、国联成员国担任将其国内关于军备之程度、陆、海、空之计划，以及可为战争服务之工业情形互换最坦白最完整之情报。

第九条　【常备军事委员会】

关于第一、第八两条各规定之实施及大概关于陆、海、空各问题，应设一常设委员会，俾向理事会陈述意见。

第十条　【领土保全与政治独立】

国联成员国担任尊重并保持所有国联各成员国之领土完整及现有之政治上独立，以防御外来之侵犯。如遇此种侵犯或有此种侵犯之任何威胁或危险之虞时，理事会应筹拟履行此项义务之方法。

第十一条　【战争之威胁】

一、兹特声明，凡任何战争或战争之威胁，不论其直接影响国联任何一成员国与否，皆为有关国联全体之事。国联应采取适当有效之措施以保持各国间之和平。如遇此等事情，秘书长应依国联任何成员国之请求，立即召集理事会会议。

二、又声明，凡影响国际关系之任何情势，足以扰乱国际和平或危及国际和平所依之良好关系者，国联任何成员国有权以友谊名义，提请大会或理事会注意。

第十二条　【可能导致断交的争端】

一、国联成员国约定，倘国联成员国间发生争议，势将决裂者，当将此事提交仲裁，或依司法解决，或交理事会审查。国联成员国并约定无论如何非俟仲裁员裁决或法庭判决或理事会报告后三个月届满以前，不得从事战争。

二、本条内无论何案，仲裁员之裁决或法庭之判决，应于适当期间宣告，而理事会之报告应自受理争议之日起六个月内作成。

第十三条　【裁判】

一、国联成员国约定，无论何时，凡国联成员国间发生争议，认为适于仲裁或司法解决，而不能在外交上圆满解决者，将该问题完全提交仲裁或司法解决。

二、兹声明，凡争议有关条约之解释，或国际法中任何问题，或因某项事实之实际，如其成立足以破坏国际义务，并由于此种破坏应该补偿之范围及性质者，概应认为在适于提交仲裁或司法解决之列。

三、为讨论此项争议起见，受理此项争议之法庭，应为按照第十四条所设立之常设国际法院，或为当事各方所同意或照各方间现行条约所规定之任何法庭。

四、国联成员国约定彼此以完全诚意执行所宣告之裁决或判决，并对于遵行裁决或判决之国联任何成员国，不得进行战争。设有未能实行此项裁决或判决者，理事会应筹拟办法使生效力。

第十四条　【常设国际法院】

理事会应筹拟设立常设国际法院之计划，并交国联各成员国采用。凡各方提出属于国际性质之争议，该法院有权审理并判决之。凡有争议或问题经理事会或大会有所咨询，该法院亦可发表意见。

第十五条　【国联理事会的争端审查】

一、国联成员国约定，如国联成员国间发生足以决裂之争议，而未照第十三条提交仲裁或司法解决者，应将该案提交理事会。为此目的，各方中任何一方可将争议通知秘书长，秘书长应采取一切措施，以便详细调查及研究。

二、争执各方应以案情之说明书连同相关之事实及证据材料从速送交秘书长。理事会可将此项案卷立即公布。

三、理事会应尽力使此项争议得以解决。如其有效，须将关于该争议之事实与解释并此项解决之条文酌量公布。

四、倘争议不能如此解决，则理事会经全体或多数之表决，应缮发报告书，说明争议之事实及理事会所认为公允适当之建议。

五、国联任何成员列席于理事会者亦得将争议之事实及其自国之决议以说明书公布之。

六、如理事会报告书除争执之一方或一方以上之代表外，理事会理事一致赞成，则国联成员国约定彼此不得向遵从报告书建议之任何一方从事战争。

七、如理事会除争执之一方或一方以上之代表外，不能使理事会理事一致赞成其报告书，则国联成员国保留权利，施行认为维持正义或公道所必需之行动。

八、如争执各方任何一方对于争议自行声明并为理事会所承认，按诸国际法纯属该方国内管辖之事件，则理事会应据情报告，而不作解决该争议之建议。

九、对于本条所规定之任何案件，理事会得将争议移送大会。经争执之一方请求，大会亦应受理；惟此项请求应于争议送交理事会后十四日内提出。

十、对于提交大会之任何案件，所有本条及第十二条之规定中关于理事会之行为及职权，大会亦适用之。大会之报告书除争执各方之代表外，如经国联出席于理事会成员国之代表并国联其他成员国多数核准，应与理事会之报告书除争执之一方或一方以上之代表外，经理事会理事全体核准者同其效力。

第十六条　【制裁】

一、国联成员国如有不顾本盟约第十二条、第十三条或第十五条所定之规约而从事战争者，则据此事实，应即视为对于所有国联其他成员国有战争行为。其他各成员国担任立即与之断绝各种商业上或财政上之关系，禁止其人民与破坏盟约国人民之各种往来并阻止其他任何一国，不论其为国联成员国或非国联成员国之人民与该国之人民财政上、商业上或个人之往来。

二、遇此情形，理事会应负向关系各政府建议之责，俾国联各成员国各出陆、海、空之实力组成军队，以维护国联盟约之实行。

三、又国联成员国约定，当按照本条适用财政上及经济上应采之办法时，彼此互相扶助，使因此所致之损失与困难减至最少限度。如破坏盟约国对于国联中之一成员国实行任何特殊措施，亦应互相扶助以抵制之。对于协同维护国联盟约之国联任何成员国之军队，应采取必要步骤给予假道之便利。

四、国联任何成员国违犯国联盟约内之一项者，经出席理事会之所有国联其他成员国之代表投票表决，即可宣告令其出会。

第十七条　【与非成员国发生的争端】

一、若一国联成员国与一非国联成员国或两国均非国联成员遇有争议，应邀请非国联成员之一国或数国承受国联成员国之义务，俾按照理事会所认为正当之条件，以解决争议。此项邀请如经承受，则第十二条至第十六条之规定，除理事会认为有必要之变更外，应适用之。

二、前项邀请发出后，理事会应即调查争议之情形并建议其所认为最适当与最有效之办法。

三、如被邀请之一国拒绝承受国联成员国之义务以解决争议而向国联一成员发动战争，则对于采取此行动之国即可适用第十六条之规定。

四、如争端之双方被邀请后均拒绝承受国联成员国之义务以解决争议，则理事会可筹一切办法并提各种建议以防止战事，解除纷争。

第十八条　【条约备案】

嗣后国联任何成员国所订条约或国际协议应立送秘书处登记并由秘书处从速发表。此项条约或国际协议未经登记以前不生效力。

第十九条　【条约再审查】

大会可随时请国联成员国重新考虑已经不适用之条约，以及长此以往将危及世界和平之国际局势。

第二十条　【不可与盟约并存的国际条约】

一、国联成员国各自承认凡彼此间所有与本盟约条文相抵触之义务或谅解，均因本盟约而告废止，并庄严保证此后不得订立类似协约。

二、如有国联任何一成员国未经加入国联以前，负有与本盟约条文抵触之义务，则应采取措施以摆脱此项义务。

第二十一条　【地域性保留】

国际协议如仲裁条约或区域协商类似门罗主义者，皆属维持和平，不得视为与本盟约内任何规定有所抵触。

第二十二条　【委任统治】

一、凡殖民地及领土于此次战争之后不复属于从前统治该地之各国，而其居民尚不可自立于今世特别困难状况之中，则应适用下列之原则，即此等人民之福利及发展成为文明之神圣任务，此项任务之履行应载入本盟约。

二、实行此项原则之最妥善方法，莫如以此种人民之保佐委诸资源上、经验上或地理上足以承担此项责任而亦乐于接受之各先进国，该国即以受任统治之资格为国联施行此项保佐。

三、委任统治之性质，应依该地人民发展之程度、领土之地势、经济之状况及其他类似之情形而区别之。

四、前属奥斯曼帝国之各民族其发展已达可以暂认为独立国之程度，惟仍须由受委任国予以行政之指导及援助，至其能自立之时为止。对于该受委任国之选择，应首先考虑各该民族之愿望。

五、其他民族，尤以中非洲之民族，依其发展之程度，不得不由受委任国负地方行政之责，唯其条件为确保其信仰及宗教之自由，而以维持公共安全及善良风俗所能准许之限制为衡，禁止各项弊端，如奴隶之贩卖、军械之贸易、烈酒之贩卖，并阻止建筑要塞或设立海陆军基地，除警察和国防所需外，不得以军事教育施诸土人，并保证国联之其他成员国在交易上、商业上之机会均等。

六、此外土地如非洲之西南部及南太平洋之数岛，或因居民稀少，或因幅员不广，或因距文明中心辽远，或因地理上接近受委任国之领土，或因其他情形最宜受制于受委任国法律之下，作为其领土之一部分，但为土人利益计，受委任国应遵行以上所载之保障。

七、受委任国须将委任统治地之情形向理事会提出年度报告。

八、倘受委任国行使之管辖权、监督权或行政权，其程度未经国联成员国间订约规定，则应由理事会予以明确规定。

九、设一常设委员会专任接收及审查各受委任国之年度报告并就关于执行委任统治之各项问题向理事会陈述意见。

第二十三条　【人道、社会、经济任务】

除按照现行及将来订立之国际公约所规定外，国联成员国应：

甲、勉力设法为男女及儿童在其本国及其工商关系所及之各国，确保公平、人道之劳动条件，并为此项目的设立与维持必要之国际机构。

乙、承允对委任统治地内之土人保持公平之待遇。

丙、关于贩卖妇女、儿童，贩卖鸦片及危害药品等各种协定之实行，概以监督之权授给国联。

丁、军械军火之贸易对于某等国为公共利益计有监督之必要者，概以监督之权授给国联。

戊、采用必要的办法，对国联所有成员国确保并维持交通及过境之自由，暨商务上之公平待遇。关于此款，应注意 1914 年至 1918 年战争期内受毁地区之特别需要。

己、努力采取措施，以便在国际范围内预防及扑灭各种疾病。

第二十四条　【国际事务机构】

一、凡经公约规定而成立之有关国际事务之机关，如经缔约各方之认可，均应置于国联管理之下。此后创设各项国际事务机构及管理国际利益事件之各委员会统归国联管理。

二、凡有关国际利益之事件，为一般公约所规定而未置于国际事务机构或委员会监督之下者，国联秘书处如经有关各方之请求、并理事会之许可，应征集各种有用之消息而公布之，并予以各种必要或相需之援助。

三、凡归国联管理之任何国际事务机构或委员会，其经费可由理事会决定，列入秘书处经费之内。

第二十五条　【志愿红十字公益机构】

国联成员国对于获得准许证之国内志愿红十字机构，以在世界范围内改良卫生、防止疾病、减轻痛苦为宗旨者，应鼓励并促进其设立和合作。

第二十六条　【修改】

一、本盟约之修正，经理事会全体及国联大会代表多数之批准，即生效力。

二、国联任何成员国有自由不承认盟约之修正案，但因此即不复为国联成员国。

（以下附件等略）

国际联盟相关年表

年	国际联盟动向	世界动向
1914		7.28～8.4 第一次世界大战爆发
1915	国际联盟协会在英国成立，强制和平同盟在美国成立	
1917		4.6 美国向德国宣战 10.25～26 俄国革命
1918	1.8 美国总统威尔逊发表“十四点计划”	11.11 第一次世界大战停战协定
1919	1.25 巴黎和会预备会议，创设国际联盟决议通过 2.3 国际联盟盟约起草会议开始 4.28 在巴黎和会上，全体一致表决通过《国联盟约》草案	1.18 巴黎和会召开 6.28《凡尔赛和约》签订
1920	1.10 国际联盟正式成立 1.16 在巴黎召开第一届国联理事会 5.15 国联大会上批准了国联秘书处的内部机构 11.1 国际联盟总部从伦敦迁往日内瓦 11.15～12.18 在美国总统威尔逊召集下召开第一届国联大会	1.10《凡尔赛和约》生效 3.19 美国参议院拒绝批准《凡尔赛和约》，美国决定不加入国际联盟
1921	6.27 弗里乔夫·南森任国际联盟难民高等事务官 8.30 关于上西里西亚问题召开国联理事会 9.2 常设国际法院章程生效 9.5～10.5 第二届国联大会上通过关于成员国财务筹措和非常任理事国选任事项的条款	11.12 讨论海军裁军问题的华盛顿会议召开

续表

年	国际联盟动向	世界动向
1922	1 月的理事会上决定设立国际联盟国际智力合作委员会 9.25 非常任理事国的数量从四国扩充至六国	2.6 华盛顿会议上签订了《九国公约》 12.30 苏联成立
1923	8.31~9.27 意大利占领科孚岛	1.13 法国出兵战领鲁尔
1924	9.1~10.2 第五届大会通过《日内瓦和平议定书》 11.3~2.11 第一届日内瓦鸦片会议召开	2.1 英国承认苏联 5.26 美国制定排日移民法案
1925	10.26 围绕希腊-保加利亚争端召开临时理事会	10.5 洛迦诺会议召开 12.1《洛迦诺公约》签订
1926	1.19 国际智力合作研究所在巴黎成立 2.12 关于德国加入国联事宜的特别大会召开 6.14 巴西退出国际联盟 9.8 德国作为常任理事国加入国际联盟 9.15 非常任理事国的数量增加至九国	3.20 中国，蒋介石成立广州国民政府（广州政府 1925 年就已成立，1926.3.20 发生的是中山舰事件——译者按）
1927	5.2~23 日内瓦经济会议召开	4.18 南京国民政府成立 5.28 日本第一次出兵山东
1928	3.22 西班牙重新加入国际联盟 10.15~18 结核病问题专家会议在巴黎召开	8.27《非战公约》签订
1929	9.2~25 第十届大会上举行了建设国际联盟新总部的奠基仪式	8.6 关于德国赔款问题的“杨格计划”会议召开 9.14 美国加入常设国际法院 10.24 美国股票市场暴跌
1930	3.13~4.14 国际法法典化会议 9.30 南森国际难民事务所成立	1.21~4.22 伦敦海军裁军会议召开
1931	9.12 墨西哥加入国联	6.20 胡佛《延债宣言》发布 9.18 柳条湖事件，九一八事变

续表

年	国际联盟动向	世界动向
1932	1月 组建李顿调查团 2.2 日内瓦裁军会议召开 7.18 土耳其加入国联	1.7 史汀生主义发布 1.28 一·二八事变 3.1 “满洲国”成立 8.20 英联邦《渥太华协定》签订
1933	2.24 国际联盟大会通过不承认“满洲国”决议 3.27 日本宣布退出国际联盟 6.12~7.17 世界经济会议在伦敦召开 6.30 埃里克·德拉蒙德辞任国联秘书长，约瑟夫·艾冯诺继任 10.9 非常任理事国数量上升至十国 10.21 德国宣布退出国际联盟 10.26~11.1 关于公共卫生标准问题的专家会议召开	1.30 德国希特勒内阁成立 11.17 美国承认苏联
1934	5.29~6.11 国际裁军会议 9.18 苏联、阿富汗加入国联	12.5 瓦尔瓦尔事件爆发
1935	9.4 讨论意大利与埃塞俄比亚关系的特别大会召开 9.9~10.11 第十六届大会，决定设立营养委员会 10.11 第一届制裁会议上决定对意大利实施制裁 12.9《霍尔-赖伐尔协定》发布	3.16 希特勒撕毁《凡尔赛和约》 4.11 英法意召开斯特雷萨会议 6.27 英国发表和平投票结果 10.3 意大利入侵埃塞俄比亚
1936	2.17 国际联盟秘书处迁移至日内瓦总部 4.20 关于埃塞俄比亚战争的特别大会召开 7.4 大会决定停止对意制裁 10.2 非常任理事国数量增至十一国	5.9 意大利宣布吞并埃塞俄比亚 7.17 西班牙内战爆发 9.9 西班牙内战不干涉委员会成立 10.25 德意柏林－罗马轴心形成 11.25 德日签订防共协定

续表

年	国际联盟动向	世界动向
1937	2. 2~15 关于妇女儿童人口买卖问题的会议于万隆召开 5. 26~27 围绕埃及加入国联事宜的特别大会召开 7. 5~9 第二届国际智力合作委员会全体会议于巴黎召开 7 月《营养报告》发布 8. 3 关于远东各国地方卫生问题的国联会议于万隆召开 12. 11 意大利退出国际联盟	7. 7 卢沟桥事变引发中日战争爆发 11. 3~24 讨论中日战争的布鲁塞尔会议召开 11. 6 意大利加入防共协定
1938	5. 14 国际联盟承认瑞士中立 11. 17 国际联盟难民事务所获诺贝尔和平奖	3. 12~13 德国吞并奥地利 9. 29 慕尼黑会议 11. 16 英国承认意大利对埃塞俄比亚的领有
1939	5. 22~27 国际联盟常规大会最后一次召开 8. 22 "布鲁斯报告" 发表 12. 11~14 讨论苏芬战争问题的第二十届国际联盟大会召开，通过了谴责苏联的决议 12. 14 国际联盟将苏联除名	3. 16 德国吞并捷克 3. 28 西班牙内战结束 3. 31 英法宣布对波兰提供保障 4. 1 美国承认西班牙佛朗哥政权 4. 7 意大利入侵阿尔巴尼亚，西班牙加入防共协定 8. 23《苏德互不侵犯条约》签订 9. 1 德国入侵波兰，第二次世界大战爆发 9. 3 英法对德宣战
1940	5 月秘书处的一部分开始向普林斯顿和伦敦迁移 8. 31 约瑟夫·艾冯诺辞任国联秘书长，肖恩·莱斯特副秘书长就任代理秘书长	5. 19 德军入侵荷兰、比利时、卢森堡 6. 10 意大利对英法宣战 6. 14 巴黎沦陷

续表

年	国际联盟动向	世界动向
1941	4. 18 法国维希政府宣布退出国联	8. 14 美国总统罗斯福和英国首相丘吉尔共同发表《大西洋宪章》 12. 8 日本偷袭珍珠港
1942		1 月，126 个国家签署《联合国家共同宣言》
1943		1. 14～24 卡萨布兰卡会议 10. 19～30 莫斯科会议 11. 28～12. 2 德黑兰会议
1944	8. 21～10. 9 讨论联合国建立问题的会议于美国敦巴顿橡树园召开	7. 1～22 布雷顿森林会议 10. 9～19 第二届莫斯科会议
1945	4. 25～6. 26 讨论起草《联合国宪章》的旧金山会议召开 10. 24《联合国宪章》生效	2. 7～12 雅尔塔会议 5. 7 德国投降 7. 17～8. 2 波茨坦会议 8. 15 日本接受《波茨坦宣言》
1946	1. 10 联合国第一届大会召开 4. 8 国际联盟最后一次大会召开 4. 18 肖恩·莱斯特任职第三任国际联盟秘书长，国联的所有资产移交至联合国 4. 19 莱斯特辞任	

主要参考文献

国际联盟原始档案资料

Papers of the League of Nations, the League of Nations Archives, Geneva, Switzerland.

Papers of the International Committee of Intellectual Co-operation, UNESCO Archives, Paris, France.

League of Nations Documents, 1919 - 1946. *Micro-films*. (Woodbridge, Conn.: Research Publications Inc., 1973).

League of Nations. *Essential Facts about the League of Nations, eighth edition* (Geneva: League of Nations, Information Section, 1930).

——. *Ten Years of World Co-operation* (Geneva: League of Nations, Information Section, 1930).

——. *International Institute of Intellectual Co-operation* (Paris: 1939).

——. *Bulletin of the League of Nations Teaching*, 1934 to 1939.

同时代史料（英文）

Fleming, Denna Frank. *The United States and World Organization*, 1920 - 1933 (New York: Columbia University Press, 1938).

Fosdick, Raymond B. *Letters on the League of Nations* (Princeton: Princeton University Press, 1966).

Greaves, Harold Richard Goring. *The League Committees and World Order: A Study of the Permanent Expert Committees of the League of Nations as an Instrument of International Government* (London: Oxford University Press, 1931).

Hull, Cordell. *Memoirs of Cordell Hull*, Vol. 2 (London: Hodder and Stoughton, 1947).

Miller, David Hunter, *The Drafting of the Covenant*, Vol. 1 and 2 (New York: G. P. Putnam's Sons, 1928).

Matsushita, Masatoshi. *Japan in the League of Nations* (New York: Columbia University Press, 1929).

Ranshofen-Werheimer, Egon F. *International Secretariat: A Great Experiment in International Administration* (Washington: Carnegie Endowment for International Peace, 1945).

Walters, Francis. P. *A History of the League of Nations*, Vol. 1 and 2 (Oxford: Oxford University Press, 1952).

Webster, C. K. *The League of Nations in Theory and Practice* (London: George Allen & Unwin, 1933).

著述类资料（英文）

Birn, Donald S. *The League of Nations Union*, 1918 - 1945 (Oxford: Claredon Press, 1981).

Burkman, Thomas W. *Japan and the League of Nations: Empire and World Order* (Honolulu: University of Hawaii Press, 2008).

Calhoun, Frederick S. *Power and Principle, Armed Intervention in Wilsonian Foreign Policy* (Kent, Ohio: Kent State University Press, 1986).

Callhan, Michael D. *Mandates and Empire: The League of Nations and Africa*, 1914～1931 (Brighton, UK: Sussex Academic Press, 1999).

Calvin, Patricia and Wessels, Jens-Wilhelm. "Transnationalism and the League of Nations: Understanding the Work of Its Economic and Financial Organisation," *Contemporary European History*, 14, 4 (2005).

Divine, Robert. *Second Chance: The Triumph of Internationalism in America During World War Ⅱ*(New York: Atheneum, 1967).

Kimmich, Christoph M. *Germany and the League of Nations* (Chicago: University of Chicago Press, 1976).

Kuehl, Warren F. *Seeking World Order: The United States and International Organization* (Nashville, TN: Vanderbilt University Press, 1969).

Knock, Thomas J. *To End All Wars: Woodrow Wilson and the Quest for a New World Order* (Princeton: Princeton University Press, 1992).

Ginneken, Anique H. M. *Historical Dictionary of the League of Nations* (Lanham, M. D: Scarecrow Press, 2006).

Grigorescu, Alexandru, "Mapping the UN-League of Nations Analogy: Are There Still Lessons to Be Learned from the League?" *Global Governance*, 11 (2005).

The League of Nations 1920－1946: *Organization and Accomplishments: A retrospective of the First International Organization for the*

Establishment of World Peace (New York: United Nations Library, 1996).

Northedge, F. S. *The League of Nations, Its Life and Times* 1920–1946 (New York: Holmes and Meier, 1986).

Peattie, Mark R. Nan'yō: *The Rise and Fall of the Japanese in Micronesia*, 1885–1945 (Honolulu: University of Hawaii Press, 1988).

Pemberton, Jo-Anne. "New Worlds for Old: The League of Nations in the Age of Electricity," *Review of International Studies*, 28 (2002).

Shimazu, Naoko. *Japan, Race and Equality: The Racial Equality Proposal of 1919* (London: Routledge, 1998).

Steiner, Zara. *The Lights that Failed: European International History* (Oxford: Oxford University, 2005).

Webster, Andrew. "The Transnational Dream: Politicians, Diplomats and Soldiers in the League of Nations' Pursuit of International Disarmament, 1920–1938," *Contemporary European History*, 14, 4 (2005).

Weindling, Paul ed. *International Health Organisation and Movements*, 1918–1939 (Cambridge, UK: Cambridge University Press, 1995).

同时代史料（日文）

安達峰一郎「国際連盟の発達は健全なりや」『国際知識』（1930 年第六号）。

石井菊次郎『外交余禄』（岩波書店，1930 年）。

稲垣守克『戦争はしないで済む』（国際連盟協会，1921年）。

伊藤述史『連盟調査団と前後して』（共立社，1932年）。

国際連盟事務局東京支局編『国際連盟に於ける日支問題議事録』。

国際連盟協会『連盟脱退関係諸文書』（国際連盟協会，1933年）。

澤田謙『国際連盟概論』（巌松堂，1923年）。

杉村陽太郎『国際平和に関する考案』（国際連盟協会，1921年）。

杉村陽太郎『国際連盟の理想と現実』（国際連盟協会，1921年）。

杉村陽太郎『国際外交録』（中央公論社，1933年）。

大日本平和協会及在日本米国人平和協会『平和強制同盟団（米国支部）』。

中野正剛『講和会議を目撃して』（東方時論社，1919年）。

新渡戸稲造『東西相触れて』（実業之日本社，1928年）。

新渡戸稲造『新渡戸稲造全集』第一九巻（教文館，1985年），別巻（教文館，1987年）。

古垣鉄郎『国際連盟と世界の平和』（国際連盟協会，1925年）。

南満州鉄道株式会社総務部調査課『満州に於ける調査委員会と満鉄』（南満州鉄道株式会社，1933年）。

ハインリッヒ・シュネー，金森誠也訳『「満州国」見聞記，リットン調査団同行記』（講談社学術文庫，2002年）。

『国際連盟年鑑，昭和5年版』（朝日新聞社，1930年）。

『日本脱退の前後・国際連盟年鑑』（朝日新聞社，1934年）。

著述类资料（日文）

池井優「日本国際連盟協会-その成立と変質」『法学研究（慶応義塾大学）』第68巻第2号（1995年2月）。

岩本聖光「日本国際連盟協会—30年代における国際協調主義の展開」，『立命館大学人文科学研究所紀要』85（2005年3月）。

海野芳郎『国際連盟と日本』（原書房，1972年）。

遠藤乾編『グローバル・ガバナンスの歴史と思想』（有斐閣，2010年）。

小川智瑞恵「国際連盟時代の新渡戸稲造」『東京女子大学比較文化研究所紀要』68巻（2007年）。

大沼保昭「遥かなる人種平等の理想」大沼保昭編『国際法，国際連合と日本』（弘文堂，1987）。

川島真「中国外交における象徴としての国際的地位-ハーグ平和会議・国際連盟・そして国際連合へ」『国際政治』145号（2006年8月）。

後藤春美「初期国際連盟と阿片麻薬問題」『国際政治』122号（1999年9月）。

後藤春美「国際連盟の対中技術援助協力とイギリス，1928-1935年，ライヒマン衛生部長の活動と資金問題を中心に」服部龍二，土田哲夫，後藤春美編『戦間期の東アジア国際政治』（中央大学出版部，2007年）。

斎藤孝『戦間期国際政治史』(岩波書店，1978年)。

佐藤尚武監修，鹿島平和研究所編『日本外交史，14巻，国際連盟における日本』(鹿島研究所出版会，1972年)。

ソーン，クリストファー，市川洋一訳『満州事変とは何だったのか』上下（草思社，1994)。

高原秀介『ウィルソン外交と日本』(創文社，2006年)。

旦祐介「国際連盟をデザインした男-南アフリカ首相J・C・スマッツー」『創文』(2001年8月)。

等松春夫「南洋群島委任統治継続をめぐる国際環境1931-1935-戦間期植民地支配体制の一断面」『国際政治』122号（1999年9月)。

等松春夫「満州国際管理論の系譜、リットン報告書の背後にあるもの」『国際法外交雑誌』99巻（2001年2月)。

西崎文子『アメリカ冷戦政策と国連1945-1950』(東京大学出版会，1992年)。

濱口学「国際連盟と上部シレジア定境紛争」,『國學院大學紀要』31（1993年3月)。

廣部泉「国際連盟知的協力委員会の創設と新渡戸稲造」『北海道大学文学研究科紀要』121号（2007年2月)。

福士由紀「国際連盟保健機関と上海の衛生-1930年代のコレラ予防」『社会経済史学』70，2（2004年)。

藤瀬浩司編『世界大不況と国際連盟』（名古屋大学出版会，1994年)。

松本博一『国際関係思想史研究』(三省堂，1992年)。

森征一，豊島二二夫監修，法文化研究会「安達峰一郎関係資料目録および略年譜」『法学研究』（慶応義塾大学）72

巻 7 号（1999 年 7 月）。

安田佳代「戦間期東アジアにおける国際衛生事業」『国際関係論研究』27 巻（2008 年 3 月）。

李修二「両大戦間期における国際社会福祉志向の形成－イギリス，アメリカにおける民間イニシアティブと国際連盟の活動」『四日市大学論集』18（2006 年 3 月）。

主要插图来源一览

© Copyright United Nations Archives at Geneva

p. 23, p. 31, p. 34, p. 54, p. 66, p. 69, p. 74, p. 78, p. 92, p. 96, p. 98, p. 100, p. 105, p. 106, p. 117, p. 137, p. 142, p. 144, p. 147, p. 160, p. 166, p. 170, p. 173, p. 174, p. 182, p. 184, p. 202, p. 207, p. 209

作者拍摄照片

p. 29, p. 196, p. 218

中英文人名对照表*

埃默里克·克鲁赛（Émeric Crucé）

查尔斯·圣-皮埃尔（Charles Saint-Pierre）

杰里米·边沁（Jeremy Bentham）

伊曼纽尔·康德（Immanuel Kant）

昆西·亚当斯（Quincy Adams）

约翰·C. 卡尔霍恩（John Caldwell Calhoun）

威廉·拉德（William C. Ladd）

维克多·雨果（Victor Marie Hugo）

亨利·杜南（Jean Henri Dunant）

西奥多·罗斯福（Theodore Roosevelt）

奥托·俾斯麦（Otto von Bismarck）

伍德罗·威尔逊（Thomas Woodrow Wilson）

廉姆·霍华德·塔夫托（William Howard Taft）

阿波特·劳伦斯·罗维尔（Abbott Lawrence Lowell）

罗伯特·兰辛（Robert Lansing）

伊莱休·鲁特（Elihu Root）

詹姆士·加纳（James Garner）

菲利普·布朗（Philip Brown）

所罗门·利文森（Salmon O. Levinson）

---

* 按照文中出现顺序由译者附加。——译者按

简・亚当斯（Jane Addams）
赫伯特・阿斯奎斯（Herbert Henry Asquith）
爱德华・格雷（Edward Grey）
贝特曼・霍尔维格（Theobald von Bethmann-Hollweg）
爱德华・豪斯（Edward M. House）
亨利・拉封丹（Henri La Fontaine）
M. J. 希拉克（M. J. de Sillac）
莱昂・布儒瓦（Léon Victor Auguste Bourgeois）
詹姆斯・布莱斯（James Bryce）
纳德・伍尔夫（Leonard Woolf）
洛依德・乔治（David Lloyd George）
诺曼・安格尔（Norman Angell）
沃尔特・菲尔莫尔（Walter Phillimore）
杨・史末资（Jan Christiaan Smuts）
罗伯特・塞西尔（Robert Cecil）
C. J. B. 赫斯特（Cecil James Barrington Hurst）
大卫・亨特・米勒（David Hunter Miller）
费尔南多・拉尔纳奴（Ferdinand Larnaude）
维托里奥・埃曼努尔・奥兰多（Vittorio Emanuele Orlando）
维托里奥・夏洛亚（Vittorio Scialoja）
顾维钧（Wellington Koo）
保罗・伊曼斯（Paul Hymans）
乔治・邦雅曼・克列孟梭（Georges Benjamin Clemenceau）
威廉・博拉（William Edgar Borah）
亨利・卡伯特・洛奇（Henry Cabot Lodge）
托马斯・巴克曼（Thomas W. Burkman）

西奥多·马尔堡（Theodore Marburg）

H. G. 威尔斯（Herbert George Wells）

亚瑟·贝尔福（Arthur Balfour）

威廉·休斯（William Morris "Billy" Hughes）

罗伯特·拉福利特（Robert Marion La Follette）

雷蒙德·福斯迪克（Raymond B. Fosdick）

埃里克·德鲁蒙德（Eric Drummond）

爱德华·本尼斯（Edvard Beneš）

朱塞佩·莫塔（Giuseppe Motta）

弗里乔夫·南森（Fridtjof Nansen）

尼古拉斯·波利蒂斯（Nicolas Politis）

弗朗西斯·沃尔特兹（Francis Paul Walters）

斯里纳瓦萨·萨斯特里（Srinavasa Sastri）

斯坦利·布鲁斯（Stanley Melbourne Bruce）

约瑟夫·艾冯诺（Joseph Avenol）

伯纳多·阿托里科（Bernardo B. Attolico）

卡鲁玻里（Giacomo Paulucci di Calboli Barone）

阿尔伯特·多佛·费隆斯（Albert Dufour-Féronce）

马西莫·皮洛蒂（Massimo Pilotti）

帕布罗·德·阿斯卡拉特（Pablo de Azcárate）

让·莫内（Jean Monnet）

威廉·拉帕德（William E. Rappard）

亚瑟·索尔特（James Arthur Salter）

阿拉西斯·阿里德斯（Thanassis Aghnides）

埃里克·科尔班（Erik Andreas Colban）

蕾切尔·克劳迪（Rachel Crowdy）

古斯塔夫·施特雷泽曼（Gustav Stresemann）
阿里斯蒂德·白里安（Aristide Briand）
拉乌尔·丹杜兰德（Raoul Dandurand）
奥古斯特·扎勒斯基（August Zaleski）
尤利乌斯·库尔提乌斯（Julius Curtius）
奥斯丁·张伯伦（Sir Austen Chamberlain）
马克西姆·李维诺夫（Maxim Litvinov）
阿尔弗雷德·齐默尔曼（Alfred Zimmermann）
卢德威克·拉西曼（Ludwik Rajchman）
迈克尔·卡尔汉（Michael D. Callhan）
亨利·柏格森（Henri-Louis Bergson）
阿尔伯特·爱因斯坦（Albert Einstein）
居里夫人（Madame Curie）
基尔伯特·穆雷（Gilbert Murray）
艾迪斯·利特尔顿（Edith Lyttelton）
沃伦·哈定（Warren Harding）
卡尔文·柯立芝（Calvin Coolidge）
赫伯特·胡佛（Herbert Hoover）
约翰·贝瑟特·摩尔（John Bassett Moore）
诺曼·戴维斯（Norman Davis）
亚瑟·斯威彻尔（Arthur Sweetser）
唐纳德·伯恩（Donald S. Birn）
诺曼·怀特（Norman White）
约瑟夫·威尔逊（Joseph Wilson）
马克·皮蒂（Mark R. Peattie）
爱德华·贝尼斯（Edvard Beneš）

内维尔·张伯伦（Neville Chamberlain）

马克思·胡伯（Max Huber）

阿克·哈玛秀鲁特（Ake Hammarskjold）

查尔斯·芬威克（Charles G. Fenwick）

亚历杭德罗·勒鲁（Alejandro Lerroux）

R. D. I. 雷丁（Rufus Isaacs, 1st Marquess of Reading）

查尔斯·道威斯（Charles Gates Dawes）

普伦蒂斯·吉尔伯特（Prentiss B. Gilbert）

亨利·史汀生（Henry Lewis Stimson）

约翰·西蒙（John Allsebrook Simon）

约瑟夫·保罗-邦库尔（Joseph Paul-Boncour）

维克多·李顿（Victor Bulwer-Lytton）

亨利·克洛岱尔（Henri Claudel）

阿尔德罗万迪·马尔斯科蒂（Aldrovandi Marescotti）

海因里希·施内（Heinrich Schnee）

弗兰克·麦考伊（Frank Ross McCoy）

乔治·布莱克斯利（George Hubbard Blakeslee）

沃尔特·杨（Walter Young）

弗雷德里克·摩尔（Frederick Moore）

克里斯托弗·索恩（Christopher G. Thorne）

德纳·弗莱明（Denna Frank Fleming）

亚瑟·亨德森（Arthur Henderson）

J. H. 伯恩斯托夫（Johann Heinrich von Bernstorff）

阿道夫·希特勒（Adolf Hitler）

扎拉·斯坦纳（Zara Steiner）

迪诺·格兰迪（Dino Grandi）

伊塔洛·巴尔博（Italo Balbo）

约瑟夫·斯大林（Joseph Stalin）

塞缪尔·霍尔（Samuel John Gurney Hoare）

安东尼·艾登（Robert Anthony Eden）

海尔·塞拉西一世（Haile Selassie Ⅰ）

弗朗西斯科·佛朗哥（Francisco Franco）

罗伯特·亚瑟（克兰伯恩子爵）（Robert Arthur〈Viscount Cranborne〉）

托马斯·马萨里克（Thomas Masaryk）

查尔斯·德·维斯切尔（Charles de Visscher）

拉宾德拉纳特·泰戈尔（Rabindranath Tagore）

乔治·波诺（Georges Bonneau）

利奥波德（Leopold Ⅲ of Belgium）

保罗·范泽兰（Paul van Zeeland）

科德尔·赫尔（Cordell Hull）

爱德华·弗雷德里克（Edward Frederick）

卡尔·约阿希姆·汉布罗（Carl Joachim Hambro）

肖恩·莱斯特（Seán Lester）

罗伯特·迪万（Robert A. Divine）

詹姆斯·肖特韦尔（James T. Shotwell）

约翰·福斯特·杜勒斯（John Foster Dulles）

萨姆纳·威尔斯（Sumner Welles）

沃尔特·李普曼（Walter Lippmann）

温斯顿·丘吉尔（Winston Churchill）

诺埃尔·贝克（Philip Noel-Baker）

欧内斯特·贝文（Ernest Bevin）

保罗·温德林（Paul Weindling）

图书在版编目(CIP)数据

国际联盟的世界和平之梦与挫折 /（日）篠原初枝著；牟伦海译. -- 北京 ：社会科学文献出版社，2020.4(2021.5 重印)
ISBN 978-7-5201-6318-7

Ⅰ.①国… Ⅱ.①篠… ②牟… Ⅲ.①和平学-研究 Ⅳ.①D068

中国版本图书馆 CIP 数据核字（2020）第 031491 号

国际联盟的世界和平之梦与挫折

著　　者 / ［日］篠原初枝
译　　者 / 牟伦海

出 版 人 / 王利民
责任编辑 / 郭白歌
文稿编辑 / 左美辰

出　　版 / 社会科学文献出版社 · 国别区域分社（010）59367078
地址：北京市北三环中路甲 29 号院华龙大厦　邮编：100029
网址：www. ssap. com. cn
发　　行 / 市场营销中心（010）59367081　59367083
印　　装 / 北京玺诚印务有限公司

规　　格 / 开　本：889mm × 1194mm　1/32
印　张：8.5　字　数：197 千字
版　　次 / 2020 年 4 月第 1 版　2021 年 5 月第 2 次印刷
书　　号 / ISBN 978-7-5201-6318-7
著作权合同登记号 / 图字 01-2020-1267 号
定　　价 / 98.00 元

本书如有印装质量问题，请与读者服务中心（010-59367028）联系